U0836820

QIYE CHENGZHANGLI SHUJIA
企业成长力书架

互联网金融创新与变革

贾扶栋◎著

中国财政经济出版社

图书在版编目（CIP）数据

互联网金融创新与变革 / 贾扶栋著. —北京：中国财政经济出版社，2016.1

（企业成长力书架）

ISBN 978 -7 -5095 -6457 -8

Ⅰ. ①互… Ⅱ. ①贾… Ⅲ. ①互联网络 - 应用 - 金融 Ⅳ. ①F830.49

中国版本图书馆 CIP 数据核字（2015）第 258043 号

责任编辑：赵甲思　　责任校对：甄　飞

责任印制：刘春年　　版式设计：丁丁图文

中国财政经济出版社出版

URL：http://www.cfeph.cn

E-mail：cfeph@cfeph.cn

（版权所有　翻印必究）

社址：北京市海淀区阜成路甲 28 号　邮政编码：100142

营销中心电话：010 - 88190406　北京财经书店电话：010 - 64033436

北京中兴印刷有限公司印刷　各地新华书店经销

787×1092 毫米　16 开　14.75 印张　176 000 字

2016 年 1 月第 1 版　2016 年 1 月北京第 1 次印刷

定价：45.00 元

ISBN 978 -7 -5095 -6457 -8 / F · 5203

（图书出现印装问题，本社负责调换）

本社质量投诉电话：010 - 88190744

反盗版举报热线：88190492　88190446

QIYECHENGZHANGLISHUJIA

企业成长力书架

编委会

主编 邓明

编委 （排名不分先后）

蔡忠成 陈明亮 陈施宇 陈凯文 崔小屹 付祥

邓艳 高子馨 高乃龙 葛静 胡兴龙 黄中

何兴龙 李锋 贾扶栋 蒋巍巍 刘逸舟 刘星

刘峰松 梁长玉 刘明勇 倪可 欧阳震 任芳进

孙军正 盛国红 汤悦 汪园黔 吴东 吴群学

王乐平 徐超 徐伟 殷祥 杨平 杨森

一品刘 张持 曾文 周子人

主办单位 北京联大文化发展有限公司 www.ldwhbook.cn

序言

PREFACE

互联网金融风暴——“危”过后便是“机”

2015年3月12日，央广特别论坛“普惠金融与大众创业、万众创新”召开。全国政协委员、原财政部财政科学研究所所长、中国财政学会副会长贾康在采访中表示，“互联网+金融”是互联网金融对传统金融冲击过后的充分融合。融合的过程中，有危机，但只要处理好“危”，过后便是“机”。

贾康说：“互联网金融这个概念完全是成立的，互联网是新技术革命的代表性创新事物，金融是现代经济的核心，必须服务于实体经济，不然就会成为空心。这两个概念联系在一起是一个明确的创新领域，它的发展方兴未艾，刚刚开了一个头儿。”

基于互联网技术的金融革命

在我国，互联网金融的提出并非在2015年才有。在2014年的政府工作报告中，李克强总理首次将互联网金融列入其中，要求各部门配合促进我国互联网金融的发展。监管部随之启动民营资本创办银行试点。

而在2015年3月5日的政府工作报告上，李克强总理提出了制定“互联网+”行动计划。“互联网+”战略由此上升至国家层面。

这让我们不得不重新思考，在“互联网+”时代，基于互联网技术的新一轮金融革命正在开启。在未来，中国的互联网金融更多的是一片“蓝海”，其发展势不可挡。

互联网为中国金融市场注入了创新的活力，也为创业者打造了一个前所未有的资源条件、基础设施和创业环境。

互联网金融使得金融天然带着互联网的属性。如今，互联网金融已经衍生出的模式有：在线销售理财产品、信用评价体系、金融电子商务、金融中介、第三方支付、P2P投融资、众筹、移动保险、网上银行等。

目前，我国的许多中小企业仍面临融资难的问题，尤其是小微企业、个人创业者，没有资金的支持，再好的项目也无法推进。而互联网金融刚好为我们提供了一个可以对接、匹配的平台，许多金融机构为小微企业和个人提供一定额度的金融服务，为创业者的资金提供了保障和保值的新机会。

可以说，互联网金融在诸多方面改变了交易人数、规模、范围等，为各大领域带来革命性的影响。不难想象，未来的互联网金融发展前景依然广阔。

被不断热炒的互联网金融

互联网金融的产生来自两方面。

一是来自创新。一直以来，我国金融体制都存在金融资源配置不合理，导致中小微企业长期融资难。尽管我国政府部门采取了很多措施，但都未能打破金融体制的僵局。在这样的形势下，“阿里教父”马云率先带领阿里巴巴集团，在电商平台创新出了阿里小贷公司，助力小微企业的发展。此后，一系列互联网金融模式如雨后春笋般涌现。

二是来自市场。互联网金融的诞生、成长都根植于我国的市场经济，并由其主导。

著名经济学家约翰·希克斯（Hicks·John Richard）在其著作《经济史理论》中指出："英国的工业革命不是技术创新的结果，而是金融革命的结果，因为工业革命中使用的技术在之前就已经出现，而只有在出现金融革命后，工业革命才真正发生了。"

2015年，随着"互联网+"行动计划的提出，我国的金融业也迎来了一次全新的互联网金融变革盛宴。

今天，马云的支付宝作为第三方支付平台，已经纳入我国金融监管体系。除此之外，我国的P2P网络借贷平台数量也迅速增加，目前已经发展至数千家。

耶鲁大学的金融学教授罗伯特·希勒（Robert J·Shiller）在其《金融与好的社会》一书中说道："金融体系是一项新发明，而塑造这种体系的过程远远没有结束。只有细致入微地引导其发展才能将其成功地引入未来。在这个过程中，重要的是对金融体系进行扩大化、人性化和民主化的改造。"

在我国，互联网金融之所以能引发各界震荡与革命，除了基于不断发展的互联网技术（如大数据、云计算、移动支付、搜索引擎、社交网络等），还得益于交易成本的降低和信息的不对称，使互联网金融成为一种成本低廉、信息对称、匹配迅速的新金融模式。资金供需双方，无须经过银行、交易所、券商等中介就可以直接交易。因此，才能在我国金融体制的层层监管下，依然野蛮生长。这种模式既不同于资本市场运作，也不同于商业银行的投融资，它更契合"互联网+"时代的"开放、平等、合作、分享"的基本精神。从而形成一种人人都能参与进来、资金的流动性强、透明度和自由度高、交易成本低廉的开放金融形式。

这一新的金融模式不只是对传统金融的巨大挑战，更是一场前所未有的互联网金融变革“盛宴”。尤其对于制度森严、改革落后的我国金融现状而言，互联网金融的出现还有更大的意义——打破中国金融市场的垄断地位。

在未展开变革之前，我国的传统金融业发展滞后，其表现如下表所示：

中国传统金融业的滞后性

表现	结果
垄断	导致垄断暴力，削弱同国外金融业的竞争力
不匹配的经济地位	我国GDP在2010年超越了日本，我国也成为仅次于美国的“第二经济大国”。看似风光无限，但从人均金融资产、金融业资产占GDP的比重等指标来衡量，我国的经济地位和金融业的现状完全不匹配
	在美国，以银行命名的金融机构有近数万家，而我国称之为银行的机构（加上发展残缺不全的村镇银行）也不过数千家。而在人均占有金融资产的比例上，我国和美国、日本等发达国家的差距就更大
经济大国，金融小国	改革开放以前，美国和日本人均金融资产分别是中国的106倍和246倍。尽管今天我国与之差距在不断缩小，但仍为数十倍以上。而论起金融战略、金融外交及国际金融体系等方面的话语权，我们最多算是“经济大国，金融小国”

近几年，随着互联网技术不断更新，金融业蓬勃发展。越来越多的人希望有关部门能对互联网金融加强监管、防范风险。尤其是在阿里巴巴的“余额宝”业务触及了传统银行业的利益后，许多所谓的“专业人士”指责余额宝是“吸血鬼”，甚至呼吁取缔余额宝。

实际上，这是一种惯性思维。面对一种新生事物，似乎我们习惯了去规避风险。不管现在还是未来，互联网金融的发展之路必定不会一帆风顺，这是一条机遇与风险并存之路。若在互联网金融变革盛宴刚开席的时候，就以各种监管之名限制其发展，甚至设置重重屏障，这无异于“把洗澡水和孩子一起倒掉”。我们如果始终错误地用传统思维和理念来理解互联网金融及各种监管，虽防范了风险却也将“创新”扼杀在了摇篮里。

在我国，互联网金融从未停止被热炒，争议声不断。本书于此时问世，对“互联网 +”时代的金融充满困惑的人们，无疑是一场“及时雨”，不仅能起到解惑的作用，还将一一解读关于“互联网 +”时代的一系列金融话题、难点问题。说互联网金融是改良也好、变革也罢。有一点毋庸置疑：于国于民，其积极影响都大于消极影响。一个崭新的互联网金融时代正悄然走来！

马云判断说：“未来的金融有两大机会，一个是金融互联网，金融行业走向互联网；另一个是互联网金融，纯粹的外行领导，其实很多行业的创新都是外行进来才引发的。”

那么，我们究竟该如何参与到势不可挡的互联网金融革命中来，“互联网 +”时代的金融如何打破了传统金融体系，为什么说互联网金融是一座巨大的“金矿”，巨头们为何都在疯狂投身互联网金融风暴，怎样才能把握住“互联网 +”时代的金融掘金机会，互联网金融的核心是什么，互联网金融在野蛮生长的同时有什么风险和隐患，互联网金融有哪些监管难题，互联网金融的未来在何方，本书对诸如此类的问题均作了精准诠释。

打破垄断最实际的办法就是不断有新的主体加入，让各个新生事物在市场中公平竞争、良性循环。当然，金融市场不是大自然，既不需要弱肉强食也不提倡优胜劣汰，因为这样的结果很可能形成另一种形式的垄断。良性的竞争应该是让不好的事物努力变好，让充满危机的事物“化危为机”，让本身发展较好的事物变得更好，最终形成“同呼吸，共命运”的合作共赢局面。金融是一个国家的经济防线，我们的确有必要保障其安全。但这个“保护伞”撑得有多开多大，就需要有一个合理的尺度——既坚守传统金融机构的安全底线，又引进新金融机构（如民营机构）协同发展，让两者取长补短，一起将我国的金融做强做大，共筑强国之梦。

目录 CONTENTS

PART1 从大数据、云计算到“互联网 +”时代

第 1 章 正在改变中国金融生态的“互联网 +” / 003

时代的召唤：“互联网 +” / 003

传统金融：惨不忍睹也要“赌” / 007

预见未来：“互联网 + 金融”时代 / 010

“互联网 + 金融”到底是什么？ / 013

“互联网 +”将如何颠覆传统商业形态？ / 018

第 2 章 “互联网 +”时代，共赴互联网金融变革“盛宴” / 022

金融业觉醒：全面应对“互联网 +”的冲击 / 022

拥抱变革：传统企业互联网化 / 027

与众不同：提供对手做不了的产品和服务 / 031

创新逻辑：参加“盛宴”的原动力 / 034

战略联盟：余额宝的“新花样” / 037

PART2 金融变革：众生平等还是普惠、逆袭？

第 3 章 P2P 投融资：不懂 P2P 就别说你懂投融资 / 043

新的革命：P2P / 043

P2P 的成功靠什么运作？/ 045

“Lending Club（借贷先锋）”的秘密 / 051

基于互联网技术的小贷模式：阿里小贷 / 054

第 4 章 众筹崛起：“天使投资”与“社交红利”的双重诱惑 / 058

走进中国的众筹平台 / 058

众筹渗透到了哪些行业？ / 061

众筹 VS 企业，谁成就了谁？ / 064

股权众筹缘何“胎死腹中” / 065

如何玩赚非股权众筹？/ 070

第 5 章 支付神话：一场由支付革命引发的平台创新 / 073

支付宝钱包与微信支付之争 / 073

平台崛起，各显神通 / 077

“小而快”的创新平台 / 079

专业优势：基金独立第三方平台 / 080

移动互联：开启移动网络应用平台 / 083

电商应用：第三方支付平台 / 086

第 6 章　网上银行：虚拟与现实的深度融合和渗透 / 090
互联网理财，小钱变大钱 / 090
网上开户，玩转证券 / 098
网络支付与移动支付 / 103
开始做电商的银行 / 109
互联网银行的未来 / 114

第 7 章　移动保险：互联网保险业也有“春天” / 117
什么是互联网保险？/ 117
从萌发到爆发，机遇与挑战并存 / 119
互联网保险公司的商业模式 / 121
优胜劣汰的生态园 / 124
你不知道的移动保险 / 128

PART3　产业转型：下个路口，风会往哪里吹？

第 8 章　发现“互联网 +”风口下的“千亿级市场” / 135
“电商教父”的“互联网 + 金融”野心 / 135
O2O：把用户从网络带到线下 / 141
C2B：让“C”参与设计 / 143
互联网思维是“ + ”时代的入场券 / 144
消费者主权时代：需求为王 / 147

把握“大数据”才能抢占先机 / 150
云计算在互联网金融中的价值 / 157
专注不是固执己见 / 160
扁平化：行动快于改变 / 163
做出简单且优秀的产品 / 168
“互联网＋”时代，无粉丝无未来 / 172
移动互联网＋金融将成为“超级巨星” / 180

第 9 章 “危”与“机”的博弈，金融业且行且珍惜 / 183

未知领域，风险依旧存在 / 183
互联网金融有一张不完美的“脸” / 186
危机边缘：互联网金融的“灰色地带” / 189
化危为机：金融诚信关乎企业未来 / 190

第 10 章 及时拥抱监管，创新才不会“闯祸” / 194

处理好七大关系，及时“踩刹车” / 194
马云“求监管” / 198
各大监管部门表态 / 202
新金融时代的新监管要求 / 208
他山之石：莫让发展走在监管前面 / 212

尾声 / 219

PART 1

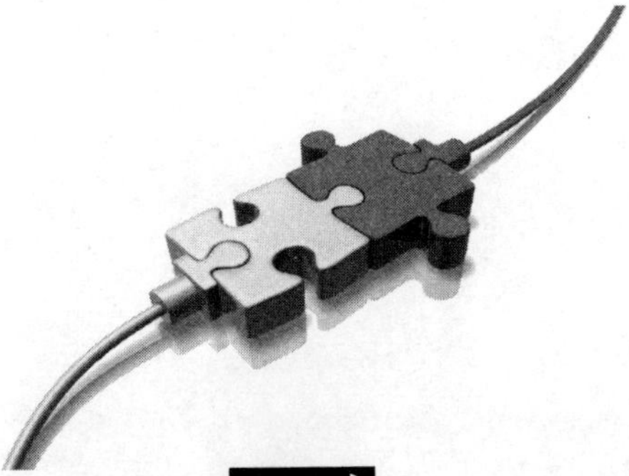

从大数据、云计算到“互联网+”时代

第 1 章

正在改变中国金融生态的“互联网 +”

时代的召唤：“互联网 +”

李克强总理在 2015 年 3 月 5 日的政府工作报告上提出制定“互联网 +”行动计划。“互联网 +”战略由此上升至国家层面。无论是淘宝、百度、京东，还是 QQ、微信、支付宝等一些日常互联网应用工具，早就融入各个传统行业，并且衍生出新的价值。

如果不是听到李克强总理亲口提出“互联网 +”行动计划，一个充满互联网气息的行业热词“互联网 +”被写入政府工作报告将让人们觉得难以置信。

“互联网+”是什么?（如图1－1所示）

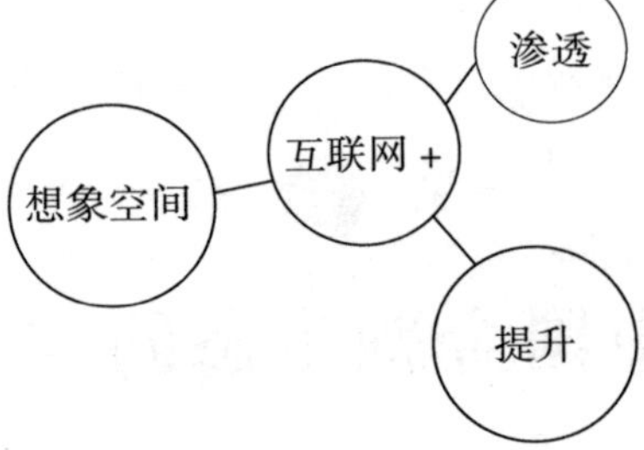

图1－1

1. **“互联网+”是对传统各行各业的渗透**

“互联网+各个传统行业”是“互联网+”的通俗理解，但事实上却并非两者相加这么简单。“互联网+”其实是通过利用互联网平台以及信息通信技术，构建互联网与传统行业的深度融合。例如，电力在第二次工业革命中让诸多行业发生了翻天覆地的变化，而未来作为一种生产力工具的互联网的作用会像电力一样，给各行各业在效率上带来大幅的提升。

如今，互联网在传统行业中发挥着不可或缺的作用，影响着传统行业的方方面面。淘宝是传统集市和互联网的结合，百度是传统广告与互联网的依托，京东是传统百货卖场加上互联网的强势联合。而传统红娘与互联网成就的相亲网站更是不胜枚举。传统的各行各业就是“互联网+”中的“+”，传统行业与互联网的融合不止会为用户创造价值，也能够彰显自己的新价值。

在“今天你淘了吗”、“今天你抢红包了吗”成了流行语的背后，凸显的正是互联网对传统产业的渗透，并且这种渗透的影响在每一个传统产业都有迹可循。例如微信，有报告指出微信在2014年拉动了约952亿元的信息消费，这个数值相当于2014年中国信息消费总规模的3.4%，并且带动了1007万人的就业。而到2015年年底，微信带动的信息消费数值预计将增长至1428亿元。

2. “互联网+”与传统行业的关系，不是替代，而是提升

“互联网+”这个词的出现，最早是在2013年11月全国人大代表、腾讯公司董事会主席兼首席执行官马化腾在众安保险开业仪式上的发言中。当时马化腾提出：“互联网加一个传统行业，意味着什么呢？其实是代表了一种能力，或者是一种外在资源和环境，对这个行业的一种提升。”

这两年来，在公开场合马化腾又多次表达了对“互联网+”的看法。他认为“互联网+”中的“+”，就是传统的各行各业。2013年腾讯WE大会上，马化腾表示：“越来越多的传统企业已经不敢轻视互联网这个话题了。”他当时即阐述了互联网将替代电力在第二次工业革命中的作用，成为第三次工业革命的支柱性力量。并且互联网与传统的各行各业之间的结合并不是替代关系，反而是提升关系。

现在，“互联网+”引起了越来越多人的思考。

全国人大代表、浪潮集团董事长孙丕恕说：“传统产业的机会在于将互联网的思维融合到各个工作流程中，实现凤凰涅槃。传统产业要利用大数据推动创新，需要依靠政府的数据进行宏观决策指导，利用互联网数据把握市场脉搏。”

马化腾建议，“应当推动‘互联网+’健康发展的指导意见尽快出台，促进互联网与各产业融合创新，在技术、标准、政策等多个方面实现互联网与传统行业的充分对接，并加强互联网相关基础设施的建立。”并且“应当进一步放宽市场准入，强化部门间协同监管，实现快速响应、联动处置，形成融合市场的监管合力，营造良好的政策环境。政府应在鼓励创新的原则下逐步完善和规范新的生产服务方式，在保证安全的情况下给予新事物发展机会和空间。”

3. “互联网+”带来更多想象空间

提到“互联网+”，我们可能会联想到电子商务、互联网金融、网络平台在线教育、云数据等，但是提升至国家层面的“互联网+”设计，到底有多大的可想象空间呢？

资深互联网人、全国人大代表、北京小米科技有限责任公司董事长雷军转发了一份来自发展改革委的名词解释，其中指出“‘互联网+’代表一种新的经济形态，即充分发挥互联网在生产要素配置中的优化和集成作用，将互联网的创新成果深度融合于经济社会各领域之中，提高实体经济的创新力和生产力，形成更广泛的以互联网为基础设施和实现工具的经济发展新形态。”

总理的“互联网+”行动计划

李克强总理在政府工作报告的“新兴产业和新兴业态是竞争高地”部分提到：“制定‘互联网+’行动计划，推动移动互联网、云计算、大数据、物联网等与现代制造业结合，促进电子商务、工业互联网和互联网金融健康发展，引导互联网企业拓展国际市场。国家已设立400亿元新兴产业创业投资引导基金，要整合筹措更多资金，为产业创新加油助力。”

相关内容再一次让我们想到了马化腾提出的“互联网+”概念。2015年3月4日晚，在全国的媒体面前，马化腾还特别提到了这个概念。在马化腾看来，“互联网由于具有打破信息不对称、降低交易成本、促进分工深化和提升劳动生产率的特点，为各行各业进行转型升级提供了重要平台和机遇。因此他建议，“互联网+”作为生态战略，能够被国家采纳，成为国家的战略。”在听完李克强总理的报告后，马化腾还向媒体表述：“总理在政府工作报告中提出‘互联网+’的概念，对全社会、全行业来说，是一个非常大的振奋。”

如此来看，无论是从国家大方向，还是从个人精准的眼光，无不宣示着“互联网+”的伟大时代即将登场。

传统金融：惨不忍睹也要“赌”

中小企业资金短缺，贷款艰难是常态。无奈之下，中小企业主们往往只能求助于民间借贷甚至高利贷。然而高利贷对于中小企业来说犹如饮鸩止渴，而且会对金融系统的安全、稳健运行构成极大威胁。

惨不忍睹的融资困境

目前，传统金融生态已然恶化，中小企业融资处境一直不佳。中小企业不仅贷款融资困难，而且由于隐性成本和时间成本造成融资代价昂贵的局面。如果申请贷款与贷款落实的期限过长，一旦延误商机，对中小企业的打击将是致命的，甚至会迫使它们铤而走险“病急乱投医”，从而坠入万劫不复的境地。

国有银行贷款的高门槛让中小企业望洋兴叹，中小企业能够贷款成功的概率小之又小，难度之大甚或难于上青天。被逼无奈之下中小企业主们只能求助于民间借贷甚至高利贷，这种情况下，中小企业发展的成本急剧增加，而且不得不面临——借不来贷款是死路一条，借来高利贷也是死路一条的恶劣局面。

“互联网+”时代下的金融新生态

《经济参考报》在对金融学者胡平西的采访中提到，当今中国金融生态有六大不可忽视的问题：

1. **融资方式失调，风险相对集中**

目前中国直接融资和间接融资的比例大体是1：9，且近几年两者比例还在继续扩大，这同市场经济条件下发达国家的情况恰恰相反。间接融资占比过大，一方面使企业和个人过分依赖于银行，导致信贷资产风险相对集中，另一方面股票和债券市场明显萎缩，居民投资工具稀少，金融生态严重失衡。

2. **金融要素市场封闭，影响资金合理流动**

中国虽有人民币拆借、外汇交易，黄金买卖和证券期货等金融要素市场，但由于制度性壁垒较多，各自画地为牢，相互可流动渠道少，基本处于封闭状态，难以发挥整体效能。

3. **银行业务单一，营销策略趋同**

虽有各类政策性银行和商业性银行，但各自定位模糊、业务交叉、功能不清晰，政策性银行有的也在介入商业性业务，商业银行的业务领域大都停留在传统的存款、贷款和汇款范围内，缺乏创新意识和能力。在经营理念和营销策略方面，大都追求大客户、大企业、大项目。相对忽视中小客户和为社区服务，很难满足社会需要，导致贷款难和难贷款两种情况同时存在，银企关系不够和谐。

4. **贷款投向集中，信贷结构失衡**

多数银行为完成利润和资产质量考核指标，贷款大都在第一季度、第四季度投放，且投放集中在基础设施和房地产领域等中长期贷款。银行负债短期化和资产长期化矛盾突出，期限错配明显，中长期贷款潜在风险不容乐观。

5. 金融法规滞后，道德风险增加

种种原因，导致近几年中小金融机构停业关闭不少，无力清偿债务，导致中小投资者纷纷要求兑现，直接影响金融和社会稳定。由于中国目前还没有相应的金融机构破产法，为了维护社会稳定，保护投资者利益，不得不对有问题的金融机构实行救助，由国家出钱买单，隐含着不少道德风险。

6. 银行内控不力，社会诚信缺失

造成大量资金损失。内外勾结，携款潜逃、金融诈骗和恶意逃废银行债务行为屡禁不绝，社会反响较大。与此同时，金融混业经营趋势与分业监管矛盾日渐显现。金融监管和金融稳定的协调机制亟待完善。

胡平西的观点为系统研究中国金融生态的问题提供了有益思路。

鉴于传统金融生态的恶化以及互联网金融的兴起，中小企业完全可以转换平台谋求融资。

当前互联网金融的主要发展模式包括：众筹、P2P 网贷、第三方支付、数字货币、大数据金融、金融机构、金融门户等。基于互联网融资业态遍地开花、百花齐放，互联网融资平台出现了前所未有的资金需求和供给的汇聚与配对，从而为解决资金供求的信息不对称与风险管理的激励不相容的问题做出了重大突破和创新，同时也为破解中小企业融资困境提出了新思路。

中小企业在国有银行贷款遇到的困境，在互联网融资平台可以最大化地化解。相较于国有银行的高门槛，互联网融资平台通过外部获取和自身积累的庞大数据缓解了贷前审核和信贷搜寻的问题，第三方担保的条件又降低了坏账的风险，从而能够较好地处理资金供求信息不对称的问题。

此外，由于互联网融资平台相对依赖拥有大数据计算客户还款能力的电子系统放贷，既强化了信用风险的约束机制，也非常好地处理了风险管理的激励不相容问题。

“互联网+”时代下的金融新生态无疑将造就中小企业乃至大企业融资的新环境和新方向。

预见未来：“互联网+金融”时代

回溯人类发展的各个阶段，只要具备敏锐的洞察力与丰富的想象力便能够预见未来的发展趋势，当一个新的时代到来就可以先知先觉，能够产生与新时代一致的思想，提前做好准备、顺时而为。而今“互联网+金融”时代的到来，我们是否已有足够的准备来迎接它了呢？

“互联网+金融”时代到来

1. 互联网金融伴随新经济、新技术快速发展起来

技术是改变一切的原动力，互联网与传统金融行业在各个领域的技术上取得了一次又一次的突破；在不同产业，互联网金融掌控的新经济生态都在一次又一次地被重塑。

当各行业垂直整合、行业产业链条加长加深、平台金融化成为商业发展主流趋势、数据变为资产，就能够促生层出不穷的商业创新模式。而互联网促生出的新商业模式和经济形态已经把互联网的基因彻底融入到了社会运行的底层物质技术结构之中。在金融发展创新的历史中，从不缺少与科学技术的紧密结合，当金融发展到“互联网+”时代，新的变革已昭然若揭。

2. 中国的互联网金融最先缘起于第三方支付

当代最伟大的发明——互联网，对传统金融的影响是方方面面的。中国的互联网金融最先缘起于第三方支付，慢慢地在填补支付服务不到位的过程中发展壮大起来。到如今日新月异、花样百出的互联网金融已经逐渐渗透到银行业的核心业务领域。这些业务包括 P2P、网络小贷开始做贷款类的资产端业务，网络银行的构建，而处在中心地位的传统金融正在被这些创新所包围。由于受组合技能阻碍其根本的变革创新所限，传统金融的变革在面临推倒重来、自我革命的情况下势必难上加难。与之不同的互联网金融就是边缘创新的典型，如果从技术逻辑和哲学思维角度分析，对互联网金融在当代发展做一个思考的话，那么金融发展的历史趋势已经表明互联网金融发展壮大，乃至成为新的金融发展核心必将发生。

预见未来：“互联网 + 金融”时代不能缺乏想象力

跳出定式思维，跳出眼前形式的局限性，充满想象力才可以具备在更高更远的位置上观望未来的条件。在“互联网 + 金融”时代最不可或缺的要素便是想象力，而具备顺应新时代想象力的国家和人才必将在“互联网 + 金融”时代游刃有余，创造辉煌。如图 1 – 2 所示：

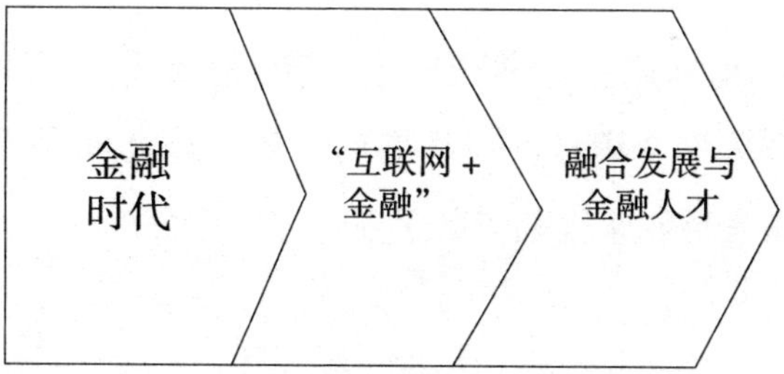

图 1 – 2

1. “互联网 +金融”助力中国梦

目前，在中国大量的互联网金融创新和功能探索不断涌现出来。从面对着历史的机遇，顺应时代的需求，精准定位未来的方向等方面，中国经济的崛起离不开互联网金融。在以互联网技术作为有效支撑，不断借鉴国外互联网金融经验，日益形成宽容的创新氛围，大众理财变成时尚、创新驱动成为时代要求等利好因素的组合的契机下，“互联网 + 金融”的发展壮大能够助力中华民族伟大复兴的中国梦稳步快速发展，提升中国金融业核心竞争力是历史的必然。

诚然，“互联网 + 金融”时代的创新之路还很漫长，并且充满风险，并非一片坦途，但是作为党中央、国务院大力支持的新型金融形态，在与传统金融体系在一定范围内的竞争中却使自身得到了长足的发展，并且促使传统金融加快了创新发展和外延拓展的脚步，在当前形式下，国有银行纷纷在由银行信息化向信息化银行快速变革。

2. 未来走向：融合发展与金融人才

传统金融与互联网金融融合将是未来发展的一个既定方向。在这样的时代背景下，顺应时代的人才显得弥足珍贵。

那么“互联网 + 金融”时代，到底需要什么样的金融人才呢?

战略构架人才、资源整合人才、交易高手等都是“互联网 + 金融”时代急需的人才力量。成为这些类人才必备的条件：首先要懂得学习和运用互联网、移动互联网、物联网、大数据、云计算等信息通信技术；其次要对科技和人文知识有一定程度的了解、研究和应用；最后要有对当代技术的最新发展和未来趋势的了解。

“互联网 + 金融”到底是什么？

“互联网 + 金融”并非是简单的互联网与传统金融“1 + 1”的关系，也并非复杂到与传统金融没有任何关联，而且绝不是脱离于现代金融体系的异生物或类生物。现代经济进入“互联网 +”时代具备新技术、新特征、新模式等因素的金融新实现形式，统称为“互联网 + 金融”。

存、贷、汇是金融的最基本功能，分别代表了货币资金的聚集功能、运用功能、支付功能。其中，聚集功能、运用功能都在现代金融的发展中得到了极速的发展，证券、保险、信托、基金等金融业务便是这两种功演化出来并由金融机构承担并实现其功能。唯独支付功能在现代金融中没有得到充分的发展并且制约了金融功能的发挥，而现在，支付功能在“互联网 + 金融”中却获取了契机和足够的空间。

在市场经济体系下，经济和社会活动要完成很多交易，而每笔交易完成的最后一步就是支付。传统金融中的组织、市场和产品创新发展迅速，但货币资金的支付功能与“互联网 +”时代的支付需求拉开了巨大的差距，这一现象恰恰促成了第三方支付的发展。例如，阿里巴巴电子商务和支付宝的发展壮大历程就足以说明这一点，最初淘宝商家在完成交易的过程中，急需支付的促成，而传统金融机构定时定点的大支付体系根本满足不了淘宝商家小额、分散、即时的国内外贸易的支付需求。正是第三方支付机构的创设和支撑，给予了电子商务发展壮大强大的动力。互联网第三方支付工具与电子商务成就了彼此，两者相互促进、交相辉映共同构造了互联网金融的底层技术基础。

在“互联网 +”时代，在互联网、大数据、云计算等新技术的支持下，金融从内涵到外延都得到了长足的拓展和提升。“互联网＋”时代的金融在传统金融的基础上对所能实现的功能和覆盖的范围做出了重大的突破。

互联网金融并非想象中的那么复杂，想了解互联网金融，可以从北京市金融局党组书记霍学文提出的“七个公式”入手：

公式一：金融底层物质技术结构：金融＝制度＋技术＋信息

制度＋技术＋信息，构成了金融业的底层物质技术结构。这一结构的改变，将带来整个金融业的深刻变化。制度决定谁能做金融，技术驱动金融，信息是金融业务处理的核心内容。ICT 技术是推动金融创新的核心技术、技术平台和技术支撑。金融业的发展历来都是与信息技术的创新和发展齐头并进，并深受其影响。

在传统金融业不断互联网化过程中，金融业得到了快速发展，但是并没有把信息技术的巨大潜能充分发掘出来。同时，巨大的普惠金融需求，在远没有得到满足的情况下，为 IT 企业跨界金融业，从事第三方支付、P2P、众筹、垂直搜索、互联网金融门户等留下了巨大的发展空间。

公式二：关于互联网金融四个假说（原则）：供给创造需求，形式决定内容，受众决定未来，技术改变一切。如图 1－3 所示：

1. 供给创造需求

技术创新推进产品创新、服务创新、市场创新和生态创新。不怕有缺陷，就怕不更新。市场需求是产品供给创造出来的：速度第一。

2. 形式决定内容

技术表达形式、技术实现形式、技术送达形式决定市场可接受程度，没有良好形式承载的内容难被公众接受：感受第一。

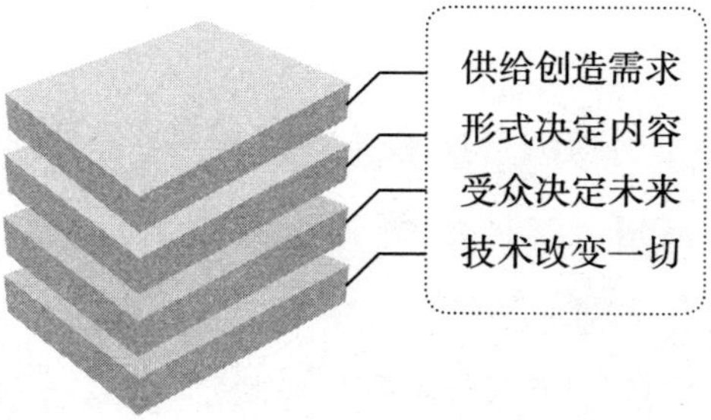

图 1－3　互联网金融的四个假说

3. 受众决定未来

规模第一、客户数量第一、赢家通吃，没有客户就没有生存根基：流量第一。

4. 技术改变一切

没有不跨界的技术，只有不跨界的思维。制度的巨大差异，在技术上只是小小的参数变异。技术跨越制度：创新第一。

公式三：互联网金融＝移动金融＋大数据金融＋云端金融（如图 1－4 所示）

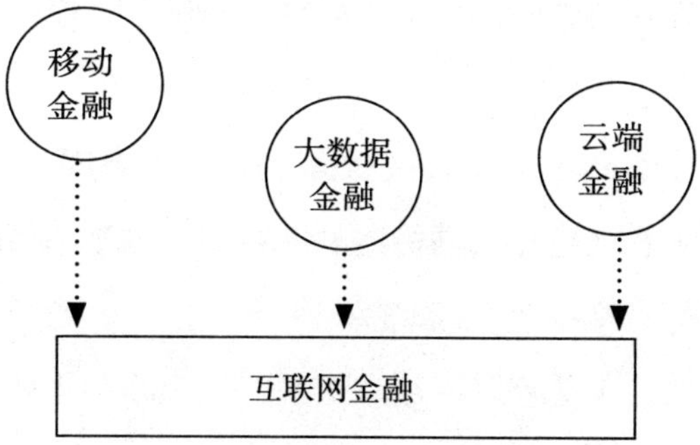

图 1－4

1. 移动金融 = 无线接入（免费 Wi-Fi）+ 智能终端 + App 内容运营

移动互联网金融企业在移动端的运营上，一定要注意 App 的用户基数。

2. 大数据金融 = 数据积累技术（留痕技术）+ 数据处理方法（包括存储）+ 信用评估应用（产品开发与风险控制）

大数据风控是互联网金融核心技术。

没有大数据风控的互联网金融 = 失控的高速车 = 风险源。

3. 云端金融（云金融）= 互联网金融发展高级形态下的云存储技术 + 云风控平台 + 云指挥系统

互联网金融的终极形态是云金融。云金融下，金融 = 技术。金融活动将在云端开展。所以，互联网金融企业 = 金融资产交易所。

公式四：互联网金融状态空间 = 互联网金融商业模式 + 互联网金融生态圈 + 互联网金融生态系统

互联网金融是老三论（系统论、控制论、信息论）与新三论（结构论、协同论、突变论）在互联网金融时代的创新与发展。互联网金融企业、产业、产业链、产业集群构成了自我循环的开放的状态空间，这是互相竞争、融合发展的必须。一个 = 死亡，集体 = 共赢。

互联网金融企业必须创新自己独特的商业模式。实现相同功能的多个商业模式构成生态圈。实现共同目标的多个生态圈构成生态系统。互联网金融企业的生态之道是共同构造利益共同体的生态系统。

商业模式 + 生态圈 + 生态系统将构造具有核心竞争力的状态空间。一旦形成状态空间，将使互联网金融摆脱共同面临的生死困境。

公式五：关于互联网金融的监管：互联网金融监管 = 产品登记 + 信息披露 + 资金托管

在“互联网 +”时代，不怕有风险，就怕找不到风险源。大数据风控就是针对风险的独特设计。没有风险的互联网金融等于自我死亡。

产品登记 = 金融消费者保护 + 金融风险识别 + 金融风险处置

信息披露 = 诚信经营 + 好人举手 + 鼓励创新

资金托管 = 构筑底线 + 强化外控 + 纳入监管

公式六：关于互联网金融创新：互联网金融解决方案 = 复杂问题简单化 + 简单问题标准化 + 标准问题极致化（方便第一、简洁第一、体验第一）

互联网金融创新的根本原则 = 问题导向 + 解决需求 + 服务民众

要想解决问题，就得复杂问题简单化。要想把问题简单化，就得标准化，才能流程化，可计量。要想把标准化达到良好体验，就得极致化。极致化体验是互联网金融的重要检验标准。

公式七：关于互联网金融本质：互联网金融本质 = 为人民服务（为企业服务）

互联网金融的本质是为人民服务。“人民，只有人民才是创造世界历史的动力。”互联网金融正因为为人民大众服务，才获得了力量源泉，政府支持和民众拥护。2014 年政府工作报告中也写进了“促进互联网金融健康发展”。

“互联网+”将如何颠覆传统商业形态?

“互联网+”时代不断颠覆着人们对传统商业形态的认知，“互联网+”在大时代背景下必将以雷霆万钧之势完成对传统商业形态的变革。就像朗讯首席执行官本·韦华恩所说的：“这场革命势不可挡。人们心怀对互联的渴望，终将以这种或者那种方式获得它，这就是人类的天性。”

“互联网+”商业与传统商业

当传统企业被分销商、实体店等多个要素冲击的时候，互联网商业却以让一切服务到家的态势给予消费者更加方便、快捷、轻松、商品价格低廉并有品质保证的消费体验，甚至让消费者参与到商品的研发和生产环节。当消费者在线上购买商品的时候，传统销售渠道的数量在消减；当消费者在手机安装 APP 软件可以补贴硬件的时候，手机硬件的成本在降低；当消费者上班下单，下班在家门口收取新鲜蔬菜的时候，传统的蔬菜零售业影响力降低。“互联网+”对传统商业形态的颠覆是方方面面的。打个比方来说，“互联网+”商业形态与传统商业形态就相当于文明社会与原始社会的区别，可以说，在两者的对抗中，传统商业形态毫无还手之力。

“互联网+”时代随着移动互联网技术与应用的突飞猛进，不仅传统企业会受到冲击，甚至互联网企业也可能成为传统企业，一些互联网企业也面临着被新兴的移动互联网企业替代的危机。

互联网 + 商业前景无限

当越来越多的消费者在消费过程中呈现出线化、碎片化、个性化、社群化、去中心化、去中介化等特征的时候，随着整个商业体系在商业模式和赢利方式上的改变，“互联网 +”背景下的新兴的移动互联网商业模式前景无限。如图 1 – 5 所示：

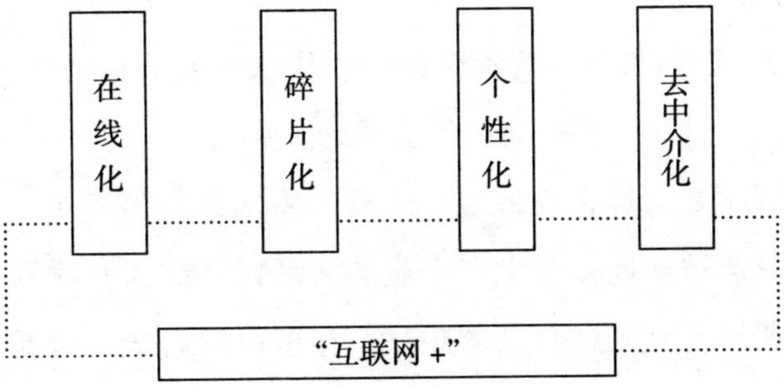

图 1 – 5

1. 在线化

仔细想一想，很多人会发现短信联络已经很久都不是使用手机的主要目的了，而手机或其他移动电子设备的在线软件使用率却急剧提升。

在线化对传统企业的影响是天翻地覆的。工作的在线化，使传统的层级信息传递转化为网络状；营销的在线化，冲击着实体销售渠道；一些新兴技术的在线化开发，代替了实验室开发方式。

在线化让“互联网 +”战略具备了更多的时空效应和想象空间。

2. 碎片化

碎片化包含时间碎片化、信息碎片化和需求碎片化。

时间碎片化：消费者可以在乘坐地铁、吃饭、等候的过程中拿出手机发微信、转微博，非常方便地接收各种信息。

信息碎片化：在网络上接收到的信息是碎片化的，报纸、杂志、电视的功能越来越多地被移动互联网取代，完整的阅读、系统的传播已经随着移动互联网应用的普及变得支离破碎。

需求碎片化：消费者可能会因为微信朋友圈或者微博上的评价而改变对一件商品的需求度；也可能会因为一些点评网站的评论而放弃到一家餐馆就餐。过去完整的清单式购买被拆解得七零八落。

3. **个性化**

“互联网+”时代下消费者模仿型、从众式的消费观念已成为历史，随之而来的是个性化、多样化的消费观念。

现代管理学之父德鲁克说过，所有的需求已经被满足。但在工业化时代消费者只能被动地接受生产企业的产品，而在“互联网+”时代消费者可以畅所欲言地阐述自己的想法，甚至可以召集一群朋友来影响企业的需求决策。正是基于各类消费者对于需求的不同要求，移动互联网推动了所谓的“长尾经济”的出现。

长尾理论是由《连线》杂志主编克里斯·安德森提出并在网络时代兴起的一种新理论。长尾理论认为，由于成本和效率的因素，当商品储存流通展示具有足够宽广的场地和渠道时，商品生产成本急剧下降到个人都可以进行生产，而且商品的销售成本急剧降低，以前看似需求极低的产品，现在只要有卖，就会有人买。这些需求和销量不高的产品也会占据相当高的市场份额，甚至可以和主流产品的市场份额相抗衡。

工业进程的进步促生了商品的大量供应，消费者的选择性大大增加，而随着商品数量的增长，消费者的个性化需求也被激活。企业为了应对消费者的个性化需求应运而生了大规模定制、订单预售等方式，而这些突破方式极大地冲击和影响了传统的大批量生产。

个性化产品需要精益管理和柔性生产，而个性化产品的需求则需要细分消费者的群体，获取消费群体大数据。“互联网+”可以从线上获取消费者快速变化的需求，并且可以通过与消费者的互动快速地去探索、研究、发现消费者的改变甚至使消费者参与产品研发，从而完善个性化产品。

4. 去中介化

“互联网+”时代，移动互联和社交网络使信息的获取不完全依赖于广告、宣传、软文或者是一些特定平台，通过一些社会化网络的应用就可以获取很多有价值的信息，而省去通过“中介”的麻烦。

“互联网+”时代去中介化的力量和趋势都在深刻地改变着传统的交易模式，当消费者和企业间的沟通变得直接、便捷、低成本的时候，营销传播的方式注定会发生剧变，企业的生产组织模式也将截然不同。

随着“互联网+”的启动，越来越多的个人和企业的加入，“互联网+”将对传统商业形态造成的颠覆是显而易见的。

第 2 章

“互联网 +” 时代，共赴互联网金融变革 “盛宴”

金融业觉醒：全面应对 “互联网 +” 的冲击

如果说 2014 年是 “互联网金融元年”，那么 “互联网 +” 到来的 2015 年，无疑将是互联网全面渗透金融业的一年。

在 2015 年 “两会” 开幕的前一天，全国人大代表、全国人民代表大会财政经济委员会副主任委员吴晓灵就 “金融改革、互联网金融、金融服务实体经济” 等一系列主题，接受了记者提问，足见互联网金融、金融变革等在我国经济中的重要地位。

从最初 “互联网 +” 带来了前所未有的冲击，到触网、觉醒与变革，我国金融业也正逐渐觉醒。

最先在金融业试水的当属那些互联网公司巨头。如表 2 - 1 所示：

表2-1 最先涉足金融业的互联网公司巨头

公司	试水举措
搜狐	搜狐与国联证券有限责任公司成立了一家合资公司，旨在为在线金融证券交易技术服务。搜狐以5000万元注册资金持有51%的股份。尽管该公司由于当时的限制和技术问题没有发展起来，但对于一家互联网公司设计金融业而言，这是一次有意义的探索。2013年后，搜狐又重新探索互联网金融网上理财等金融业务
腾讯	2013年8月，腾讯与华夏基金合作，旗下的“活期通”正式推出“微理财”。这意味着腾讯打通了微信交易功能，微信用户足不出户就能买卖基金、存取现金等。这是腾讯首次开通微信交易渠道，推动了现金融服务从传统渠道向移动互联网的迁移
京东	京东有三大规划：“自营电商、开放服务和数据金融”。京东开始尝试“供应链金融”服务，并成立了金融集团。供应链金融的本质是，京东利用自身的庞大规模和信用为商家提供担保服务，让商家能够顺利从银行贷款，而不是拿商家的货款放贷
百度	百度与中国平安集团签署了Joint Business Plan，即JBP（联合发展计划）。这意味着百度与平安将进一步挖掘用户需求，深化大数据营销，打造更多金融品牌。目前，百度金融支持房贷、车贷、消费贷款等金融服务，并获得了市场的高度关注
新浪	新浪通过“微银行”涉足金融理财市场。用户在微银行可办理开户、销户、转账、汇款、信用卡还款等业务

互联网+金融

自“互联网+”时代到来，互联网逐渐与传统产业融合，并对其产生了深远影响。金融业就是“受害者”之一。

《人民日报》曾发表了一篇题为《马云：金融行业需要搅局者》的文章。以下是部分马云讲话原文：

未来的金融有两大机会，一个是金融互联网，金融行业走向互联网；第二个是互联网金融，纯粹的外行领导，其实很多行业的创新都是外行进来才引发的。金融行业也需要“搅局者”，更需要那些外行的人进来进行变革。

有时候我们认为，我可以做得更好。因为不懂，而世界往往是被那些“不懂的人”搞翻天的。所以，开放首先是思想开放，不是政策开放。只有思想开放，才可能有技术开放、政策开放。

中国不缺银行，但是缺乏一个对10年以后经济成长承担责任的金融机构。今天的金融，确实做得不错，没有今天的支撑20%客户这样的金融机构，中国的经济三十年来不可能发展到今天。但是靠今天这样的机制，我不相信能够支撑三十年后中国所需要的金融体系。很多问题不是今天造成的，而是历史造成的。我们很难改变历史，但我们可以改变未来。今天做准备，十年以后才有机会。今天我们引进开放，可能会有问题，但是今天的问题就会变成十年以后的成绩。

比起我国金融业的发展历史，互联网应该算是一个全新的领域。而“互联网+金融”有着高度的融合性，金融业亦是最早融入“互联网+”的产业之一。

那么，我国金融机构拥抱“互联网+”的热潮是怎样一片景象呢？如表2-2所示：

表 2 – 2　我国金融机构拥抱“互联网 +”热潮

金融机构	“触网”热潮
交通银行	交通银行董事长牛锡明曾在某次金融峰会上对马云的“金融行业需要搅局者”言论做出了回应。他认为：“互联网金融是我国未来发展的方向，随着互联网金融的发展，传统商业银行的经营模式和赢利模式将彻底被颠覆。”为此，交通银行做出了一系列变革。例如，打造“三位一体”服务网络，并推进了金融业务的互联网化，等等
招商银行	招商银行是我国最早“触网”的商业银行之一。早在 1999 年就推出了“一网通”服务，并搭建了电话银行、手机银行、自助银行等网络服务体系。招商银行行长认为，在未来，互联网金融与传统银行还会有更大的合作空间
建设银行	“善融商务”是建设银行以金融服务为依托的一项业务，同时也是银行业首个电子商务金融服务平台。“善融商务”包括企业商城和个人商城。旨在为用户提供融资贷款、资金托管、在线交易、分期付款、支付结算等全方位的专业服务
交通银行	交通银行推出了“交博汇”网络商城，分为“金融馆”、“商品馆”、“企业馆”及“收付馆”。交通银行还与阿里巴巴合作，推出了“交通银行淘宝旗舰店”，这是国内首家与淘宝网合作的银行。淘宝网用户可以直接购买交通银行的各项金融产品和服务
民生银行	“小区金融”是民生银行的一项特色业务，该业务以小区智能超市为核心，致力于打造便民金融服务圈，并通过微信、手机短信、理财销售终端等设备，为小区居民提供更多的金融服务

觉醒时刻：中国走到了哪一步？

截至目前，我国互联网金融的发展已历经三个阶段：

1. 第一个阶段：准备期

互联网在我国出现以后，金融业开始运用互联网技术为用户提供金融产品、服务，这是我国互联网金融的准备期。

2. 第二个阶段：融合期

20世纪90年代中期至2010年，这是我国金融业与互联网的融合期，与此同时，专业的互联网金融业态崭露头角。

3. 第三个阶段：发展期

2011年至今，我国互联网金融加速发展。大批互联网公司、创业者和非金融机构开始涌入“互联网+”时代，互联网对我国金融业的冲击、重塑和影响日益明显。

我国“互联网+金融”迅速发展

在我国，互联网金融的发展如此迅速主要有三个原因：

1. 互联网技术的发展

我国互联网信息技术发展得很快，包括网速的提高，网络安全性的增加，大数据、云计算、移动互联网的发展等都为互联网金融提供了发展动力与支持。尤其随着互联网的发展，国内许多互联网公司在各方面都已具备“搅局”的实力。

2. 中国金融业态环境

多年来，我国的金融业基本呈现被银行垄断的局面。导致我国金融机构暴露了创新能力不足、服务意识薄弱等问题。当发展与创新被抑制时，客户的需求就得不到满足。为此，我国互联网金融业态的大环境为金融革命的爆发提供了契机。

3. 金融监管理念、政策调整

为了促进我国企业创新发展，新一届政府十分注重简政放权，不断开放改革红利。在这样的时代背景下，我国的金融监管理念和政策都出现了变化和调整。如互联网保险被许可、余额宝未被叫停、P2P投融资的放行等，都体现了我国金融监管机构对互联网金融的开放态度与大力支持。

马云说：“一个公司是不是伟大，不是看它赚了多少钱，而是要看它有没有为社会解决问题。如果银行不改变，我们就改变银行。”与其说金融业是“互联网+”时代的“受害者”，不如说是“搅局者”。有了“搅局”的实力，我们才能在未来更从容地拥抱精彩。

拥抱变革：传统企业互联网化

泰斗级企业家对“传统企业互联网化”的看法

“互联网化”并不是百度、阿里巴巴这些互联网巨头公司的“专利”，而是传统企业巨头们的“集体惊呼”。许多人不解：到底发生了什么？而一些泰斗级的企业家对“传统企业互联网化”也有自己的看法。如表2-3所示：

表2-3　企业家对“传统企业互联网化”的看法

企业家	如何看待“企业互联网化”
张瑞敏	传统企业走到尽头了，必须互联网化转型
刘永好	新型的互联网的格局正在冲击到传统的产业——互联网冲击了零售，互联网冲击了制造业，互联网甚至冲击了我们所谓“高富美”的银行业。互联网的金融势头非常猛，我们银行感觉到极大的压力，我们怎么办
王健林	互联网对传统行业的冲击，这是趋势，可能今后所有行业都要互联网化，这是趋势。我已经有一个认识，今后所有行业必须互联网化

续表

企业家	如何看待“企业互联网化”
俞敏洪	面对这样的时代，只有两种人：一种人想办法集中自己所有资源，才能继续保持江湖地位；另一种人则必须随时做好这个江湖地位被他人取代的准备
马明哲	互联网肯定会改变社会的经济、文化，各行各业

“万物互联”时代到来

所谓“万物互联”，是指互联网将人、流程、数据和事物（基于互联网技术）智能地结合在一起，使得网络连接变得更具相关性和更有价值。

3COM公司的创始人、科技先驱罗伯特·梅特卡夫认为，网络的价值与联网用户数的平方成正比。网络的力量大于部分之和，这使得万物互联令人难以置信地强大。“万物互联”在提升消费者生活质量以及带来更丰富的体验、更多的新功能和更高的经济价值方面，具有出色潜力。例如，互联网不仅帮助企业提高了效率，也消除了与消费者（用户）之间的距离。

万物互联时代真正到来之际，就是传统企业拥抱变革、全面洗牌之时！

如何拥抱变革？

总的来说，就是要提高沟通效率，逐步消灭或者边缘化一切基于信息不对称的商业模式。让企业全面信息化，这是未来大部分传统企业要面临的事，而且改革的步伐将越来越快。（见表2-4）

表 2 – 4 携程网消灭信息不对称、拥抱变革的策略

改变路径	实际效果
剩余机票放在网上销售	携程网创立于 1999 年，总部设在上海，它做了一件看上去似乎很简单，其实非常不简单的事情，就是把所有航班的剩余机票放在网上销售，让大家几乎能实时地按照不同舱位的余票情况购票，一下子让很多依靠“信息不对称”为盈利模式的“黑中介”的空间被挤压到最小。在没有互联网技术时，这几乎不可能做到。而在“互联网 +”时代，这可能就是一件“小事”
全面布局	后期，携程网完成了中国大陆地区、香港特别行政区和台湾的布局，向超过 6000 万会员提供全方位的旅行服务，被 Fast Company 评为“2010 年最具创新力十大中国公司”之一，并入选《福布斯》“最佳中小上市企业”，跻身“中国旅游集团 20 强”

不读历史，我们不能真正理解为什么互联网能对传统产业产生如此大的影响，也不能真正看清它在人类历史上的重要地位。我们是幸运的，我们生活在一个发生着巨大变革的时代，是前人所没有经历过的。上次类似的变革，恐怕要追溯到一百多年前。互联网作为更先进的信息传播工具，正在引发新一轮工业革命。

杰里米 · 里夫金，享有国际盛誉的社会批评家和畅销书作家，同时还是华盛顿特区经济趋势基金会的主席，曾经担任过前欧盟委员会主席罗曼 · 普罗迪的顾问。他有一本非常著名的新作，叫作《第三次工业革命》，诠释了三次工业革命对互联网通信技术的影响与联系。如表 2 – 5 所示：

表 2-5 三次工业革命对互联网通信技术的影响与联系

频次	影响与联系
第一次工业革命	印刷业中的蒸汽动力所依赖的主要能源是煤，以报纸、杂志以及书籍等形式出现的印刷材料是第一次工业革命主要的通信手段，改变了之前口耳相传的信息传播途径；“煤炭、蒸汽动力、火车+印刷术”成为第一次工业革命的主要形态，使19世纪的世界发生了翻天覆地的变化，催生了大量垂直的、高耸入云的高楼大厦
第二次工业革命	电信技术与燃油机的结合引发了第二次工业革命，电话、收音机和电视机重塑了人们的生活，使得人们分散居住成为可能，催生了一种全新的信息网络；“石油、内燃机、汽车+电信技术”成为第二次工业革命的主要形态，为20世纪的人们开创了新世界，催生了分散郊区的发展。这种发展是线性的外延式发展
第三次工业革命	第三次工业革命则是互联网技术与可再生资源的结合，互联网技术使得人们双向沟通的效率大幅提升，极大缩短了沟通的渠道，消除了一切基于信息不对称的商业模式；“可再生能源+互联网技术”成为第三次工业革命的主要形态，也将在21世纪从根本上改变人们的生活和工作。杰里米认为，第三次工业革命催生的结果与前两次是截然不同的，我们即将步入一个“后碳”时代。人类能否可持续发展，能否避免灾难性的气候变化，第三次工业革命将是未来的希望

纵观人类历史，新型的通信技术与能源体系交汇之际，正是经济革命发生之时。如今，互联网技术与可再生能源即将融合，并将为第三次工业革命奠定一个坚实的基础，这也意味着传统企业必有转型的可能。

互联网不是终点，它只是不断提高沟通效率的革命中的一个台阶。回顾过往，我们可以很清晰地看到“印刷术—电信技术—互联网”三个“台阶”。而放眼未来，还会有更多“台阶”在前面等着我们。

唯一不变的就是变化本身。你要做的只是用力拥抱它。

与众不同：提供对手做不了的产品和服务

通过分析不同行业竞争格局的变化，在竞争中脱颖而出的成功者往往是那些懂产品、懂定位的企业，它们是行业的战略创新者。它们有一个共同的特点——不是一味地追求创新，而是不忘初心，不是要“做得更好”而是“做得不同”。

与众不同赢得更多机会

这些企业避免了与传统竞争者直接抗衡，而是寻求竞争对手没有意识到的、源自市场的机会。它们进入了竞争对手一开始看不上或者不感兴趣的领域，提供了竞争对手做不了的产品或服务。

1. 准确定位目标客户

这里的客户指的是互联网交易的目标客户。

例如证券行业，不少企业在提供产品服务时基本都把焦点放在了城市的年轻白领阶层，这比较容易理解，毕竟在十五年前，别说在农村，即使在城市互联网的普及率也不是那么高。

然而如果我们把目标客户锁定为农村的富裕农民，就显得比较“另类”。然而正是这些农民客户推动了证券市场份额的快速、大幅提高。

2. 明确提供什么产品或服务

例如，证券企业可以为农民客户提供通过互联网交易股票的服务。与此同时，这些客户买卖股票自然需要得到相关投资信息以及股票咨询等方面的配套服务，而在几年前这些服务可不像今天这样“唾手可得”，他们主要依赖报纸、电视或者广播获取投资信息，股票咨询方面的服务则更难得到。因此，我们在考虑提供互联网交易服务的同时，就应该考虑到为这些客户提供投资信息以及股票咨询等方面的增值服务。

3. **以最好的方式提供产品或服务**

什么是最好的方式？

举个简单的例子，十几年前的农村几乎没有电脑，因此对于当时的农民来说，操作电脑并不是一件容易的事情。对此，某证券公司是如何提供产品和服务的？

到农村的集贸市场上去摆摊并演示互联网证券交易，同时给那些有明显的意愿的客户赠送电脑，对当时还颇“昂贵”的上网费用进行补贴，同时营业网点的员工上门为他们提供电脑使用方面的培训。曾有一名员工用一整天的时间教会客户如何使用电脑后离开，客户打电话过来询问如何关机，这名员工又立马返回客户那里。这样的做法是方便客户使用。

公司还运用互联网为农民客户提供投资信息以及股票咨询等方面的服务：为客户提供“华泰 e 友”电子邮件服务，提供相关的投资信息，同时提醒一些重大事项；当时的客户确实从来都没有过这么好的体验，对公司的黏性及忠诚度自然就形成了。

在公司网站开设“个股点评”栏目，每天访问量达到数十万人次；开通了互动栏目——“专家门诊”，由研究所持牌分析师回答客户关于股票方面的提问，每天回复量达到一千次以上。帮助客户从“不能”到“能”，同时体验又非常好，那么客户在费用方面就一定不会太计较，金融机构就可以从这样的创新中得到丰厚回报。

金融机构在拓展互联网金融业务时，眼光不应该只盯着同一行业的竞争对手们，不应该总是试图利用现有的游戏规则去击败竞争对手，而应该未雨绸缪，主动出击，努力尝试建立全新的、独特的战略定位，使自己变得“与众不同”，从而成为行业的颠覆者、先驱者。

我们究竟应该提供什么样的产品或服务?

1. 多角度思考“什么”

在提供什么产品或服务方面，许多企业往往是将已有的产品或服务“强塞”给客户，自己有什么就“推销”什么，基本上不考虑这些产品或服务是否符合客户的需求。对此，我们需要从多个层面思考“什么”这一问题：现有的金融产品或服务是否满足了客户的真正需求？这些产品或服务真正适合哪些客户？客户有哪些潜在的需求没有得到满足？我们可以提供相应的产品或服务吗？我们可以设计并提供一些产品或服务来满足并引导客户可能还没有意识到的潜在需求吗？

2. 设计产品或服务

我们还可以通过设计提供一些产品或服务，将那些原本不在我们视野内的“潜在客户”转变为真正的客户。例如：某金融机构推出的一元钱就可以购买货币基金、中秋赏月保险、为互联网虚拟社会的一些“事物”提供保险等服务，这些在一两年前可能都是难以想象的。那么，我们如何发现并识别新的金融产品或服务呢？询问客户，更多地了解客户的业务，识别市场动向；比较行业内外的情况，发现外部变化，尝试新的产品或服务概念；寻求上下游及客户的反馈；建立核心竞争力以开发让客户吃惊的新产品或新服务，使组织中的所有人员都参与新产品或新服务的开发，充分应用从多元化中学到的知识。

3. 面临的问题

接下来，我们还面临如何将合适的产品或服务送到合适的客户手中的问题。

第一，这需要我们建立一整套完善的流程和体系，每一个环节都非常重要，组织必须保持协同、融合、平衡和可延展性。第二，这里还涉及客户体验问题：将合适的产品或服务提供给合适的客户，如果客户的体验不佳，那么客户的满意度就不会高，交易自然就不可持续，更不可能取得大的突破。关于满意度，美国 Forrester 调查机构有一项调查，如表 2－6 所示：

表 2－6　美国 Forrester 调查机构的一项关于顾客满意度的调查

行业	结果
互联网证券经纪公司	排名第一的理财公司和排名最后的理财公司之间的差距还不到 1 分。但客户能感受到这“一点点”的差距，而且正是这微小的差距决定了公司的成败
门户网站公司	现在金融机构基本上都开设了网站，但是网站所能提供的信息以及服务存在较大差异。有些金融机构的网站会让人感觉“宾至如归”、“满园飘香”，网站设计人性化，信息更新及时，同时还有一些互动；而有些网站则给人一种“冷冷清清”、“满屋蜘蛛网”的感觉，信息极少更新，基本上没有什么互动

创新逻辑：参加“盛宴”的原动力

对于金融企业来说，“互联网＋金融”模式是一个全新的领域，既涉及互联网技术层面，又涉及市场及客户层面。那么，金融机构应该如何通过创新获取这两个方面的能力呢？

如何获取

我们可以参考外国学者罗伯茨和贝里搭建的金融机构创新模型，如表 2－7 所示：

表 2－7 外国学者罗伯茨和贝里搭建的金融机构创新模型

方法	路径
合资	风险资本教育性收购
内部市场开发并购	独资并购取得许可
内部开发（或者并构）	内部技术开发并构取得许可

两位学者认为，企业选择获取这些所需能力的方式取决于公司对技术和市场的熟悉程度。获取这些能力的方法主要包括：内部开发、并购、取得许可、另设独资公司、设立合资公司、利用风险资本以及教育性收购等。

获取方法

尽管从技术和市场两个角度来概括创新能力或许不够全面和科学，但是所提出的这些获取能力的方法还是有可取之处的。

1. 并购

充分运用并购策略实现公司的创新发展，是一种比较普遍的做法。美国某互联网经纪公司就广泛运用并购战略，曾经在短短 3 年左右的时间内实施了 12 次大规模并购活动。金融机构运用兼并收购策略实现在互联网金融领域的突破主要有三大好处：

一是在最短的时间内获得相应的能力和资源，可以把握先机，从而占据比较有利的位置；

二是可以有效弥补自身的“短板”和“不足”，同时谋求协同带来的好处；

三是可以运用这一策略“吞并”潜在的竞争对手等。

当然，并购的成本需要评估，同时并购后整合是否顺利、协同效应能否真正得以发挥等，其实都面临着不小的风险和挑战。从现实情况来看，对大部分金融企业而言，并购策略主要运用在并购方对技术以及市场都相对比较熟悉的领域，这类并购的成功率相对较高。

2. **风险资本**

以风险投资的方式开展创新，是海外一些大公司尤其是高新技术公司常常采取的做法。对于那些技术以及市场都比较新且不太熟悉的领域，风险资本的方式还是比较合适的。企业自身缺乏这些能力，同时市场上形成的一定规模的并购标的或者合作伙伴又较少，因此运用风险资本的方式既可以把握未来的发展机会，吸引到优秀的创新团队及人才，同时自身的投入以及风险又基本可控。国内的金融机构由于存在管理体制及决策机制等方面的约束，很少开展风险投资。但是在开展互联网金融这一革命性变革方面，应大胆探索。风险投资方式确实值得尝试。

3. **教育性收购**

这是个相对陌生的概念。简单来说，公司开展教育性收购的主要目的只是为了从中学习，而不是将被收购的公司作为能够辅助业务的子公司。这是一个逆向的过程，即先收购再解析，然后从中学习。只是我国的金融机构在教育性收购方面的案例还不多，可能在国际化方面有过一些探索和尝试。金融机构可以在互联网等领域展开一些教育性收购，以学习互联网精神，培育“互联网基因”，发现更多的“新大陆”，更近距离地接触客户。

运用并购、风险资本以及教育性收购等策略来开展互联网金融，可以充分发挥金融机构在品牌、资金实力、盈利能力、风险管理以及金融人才汇聚等方面的优势，又可以在一定程度上克服自身体制机制、管理方式等带来的制约。我们有理由相信，未来金融机构围绕互联网金融而展开的并购、风险投资以及教育性收购会越来越多，或许，在互联网金融这个舞台上闪烁的一束束“光亮”，在未来可以真正成为金融机构突破互联网金融的“希望之光”。

战略联盟：余额宝的“新花样”

对于金融机构发展互联网金融而言，与其他企业或者组织开展战略联盟的意义实在是怎么强调都不为过。

许多知名企业都有自己的“战略联盟”策略，如表 2－8 所示：

表 2－8 知名企业的“战略联盟”策略

合作对象	诞生的“新花样”（产品）
天弘基金与支付宝合作	余额宝
华夏基金联手腾讯	微理财
华夏基金与百度	百发、百赚
光大保德信基金与中国银联	天天富
其他“战略联盟”伙伴：民生银行与阿里巴巴、平安保险与支付宝	

上述这些都是战略联盟的典型案例。阿里小贷与建设银行“善融商务”的诞生，一定意义上也是合作后的产物。尽管双方已经“分手”，但是当下给市场带来冲击的互联网金融产品或服务，基本上都是“战略联盟”的“结晶”。

何谓战略联盟？

“战略联盟”一词最早由美国数字设备公司总裁简·霍普兰德和管理学家罗杰·奈格尔提出。关于“战略联盟”的定义，业界存在着很大的分歧。一般认为，战略联盟是指公司之间为了共同的战略目标而达成的长期合作安排，是一个通过各种协议而结成的优势互补、风险共担的松散型组织。而从不同的角度，可以对联盟的形式做出不同的分类，比如可以分为同业联盟和上下游联盟，可以分为股本合资、非控股性参股、协议联盟等，还可以分为两方、三方乃至多方联盟等。

战略目标

企业在实现战略目标方面可以有不同的选择：

完全依赖自身的力量加以解决；按照市场化的方式来运作，需要自身无法提供的资源时就向市场购买；采用内部化的方式，即通过并购方式购买其他企业；战略联盟方式。

为什么要战略联盟

实际上，联盟是介于企业与市场之间的一种组织形式。企业间的联盟程度有深有浅，浅层次的联盟主要是签订合作协议、开展合作项目等，深层次的联盟有组建合资企业等。在互联网技术尚未成熟以前，企业很少选择战略联盟方式，那么，为什么现在越来越多的企业开始选择战略联盟方式呢?

1. 有效应对不确定性

随着社会经济和科学技术的迅猛发展，企业所面临的不确定性越来越多。特别是在高新技术产业以及创新领域，市场和技术瞬息万变。不确定性的大量存在，导致很难在合同中对不可预见的突发情况做出明确规定，企业发现大部分合同或多或少存在着不完善的地方，双方的责任、义务、权利以及交易价格等无法在预先订立的合同中被准确界定。为了应对不确定性导致的不完全合同，企业开始在纯粹的市场交易关系之外寻求并购、联盟等新方式。与并购相比，联盟的资金投入和风险相对较小，可以有效降低企业面临的不确定性，因而得到越来越多企业的青睐。

2. 建立新能力、获取新渠道、进入新地域

企业的发展需要建立一系列的新能力，包括产品、客户关系、技术等。一般而言，很少有企业能够在内部迅速建立起这些新能力，而通过联盟方式，企业能够快速、灵活地借助合作伙伴的能力来发展自己。

如果企业希望通过新增营销渠道来扩大销售量，联盟往往是一个不错的选择。通过联盟获得新客户比单枪匹马获得客户的成本要低得多。

企业进入一个新地域需要熟悉当地的情况，同时还要得到当地政府的支持等，单纯依靠企业自身的力量，在短期内突破往往是非常困难的。因此，联盟方式既符合“分工带来效率”的原则，发挥联盟方各自的优势，同时又能获得合作伙伴的支持，从而弥补企业自身的局限性。

3. 联盟具有一定的感染性

在经济生活中我们可以看到，一旦某个行业出现一个较大的联盟，这个行业内的其他企业就会纷纷效仿，建立类似的战略联盟。出现这一状况的原因就在于，联盟具有感染性。由于联盟可以给成员带来诸多好处，因此一旦竞争对手建立了战略联盟，企业出于防御等方面的考虑，也会建立起相应的联盟，以免在竞争中处于不利地位。

4. 为进一步的一体化做好准备

由于企业与企业之间在企业文化、管理模式等方面存在很大的差异，因此一些企业在并购其他企业之前往往会首先选择联盟方式，首先与并购对象建立合作伙伴关系，在条件成熟的情况下再实施并购战略。联盟关系的建立有利于企业更好地了解和熟悉对方，从而为最终的并购奠定良好的基础。

PART 2

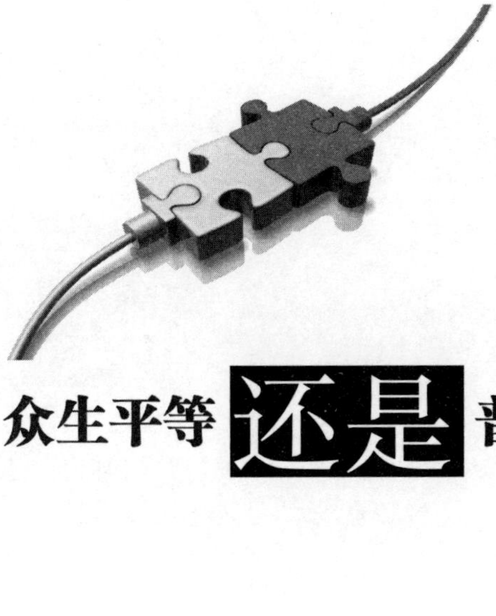

金融变革：众生平等还是普惠、逆袭？

第 3 章

P2P 投融资：不懂 P2P 就别说你懂投融资

新的革命：P2P

何谓“P2P”

P2P 是“互联网 + 金融”时代的一个重要发展趋势。

P2P——Peer to Peer（伙伴对伙伴）。它让我们穿梭回了远古时代。在最远古时人们进行物与物的交换，由于匹配度问题，后来出现了货币（一般等价物）；又因为找到匹配的交易者比较困难，所以又出现了集市等交易场所；再后来房子先委托给中介，然后中介再去找买家；钱要存入银行，然后银行再去发房贷。

可见，交易媒介的发展是一种进步。但随着互联网技术的发展，人们的沟通效率得到极大的提高，借钱甚至交易不再需要集市和一般等价物，我们把这叫作“去媒化”。“去媒化”必然导致P2P，P2P必然会促进“去媒化”的发展。

以借贷为例，P2P借贷主要是指个人通过第三方平台在收取一定费用的前提下向其他个人提供小额借贷的金融模式。客户对象主要有两方面：一是将资金借出的客户，另一个是需要贷款的客户。随着互联网技术的快速发展和普及，P2P小额借贷逐渐由单一的线下模式，转变为线下线上并行，随之产生的就是P2P网络借贷平台。

我国的“P2P”

中国最早的P2P借贷的网站——拍拍贷。

拍拍贷成立于2006年。在拍拍贷上，一个借款人（P）可以提出借款，尽可能多地出示自己的资料，获得出资人的信任，开出一个愿意承担的利息，就等着出资人选择。另外，很多出资人（P）可以根据这些材料（对应背后隐藏的信用等级）决定是否把钱借给他/她。如果有足够多的出资人出了足够多的钱，那么这次借贷行为就发生了。

1. 本质是民间小额借贷

P2P借贷的本质是一种民间小额借贷，可追溯到个人互助借贷模式。例如，你在急用一笔资金时，可以通过亲朋好友和社会团体来解燃眉之急。

而随着互联网技术的普及和发展，信息传播的范围和速度打破了时空的限制，这种小额借贷关系逐渐渗透到陌生人之间。由此诞生了P2P借贷模式，和专门提供P2P借贷服务的网络平台。

P2P借贷与传统的金融行业相比，整体规模还很小。但其生命力和持续的创新力都很旺盛。在提高借贷的成功率等方面，各国根据不同的背景环境，对P2P借贷进行了多种形式的创新和完善。而P2P网络借贷平台也在发展过程中不断自我革新，以应对监管的需要和环境的变化。

2. **趋势是自我革新**

关于P2P网贷，很多人还不太熟悉。目前，业内普遍的共识是P2P借贷或将面临一次自我革命。有业内人士预测，在未来的发展过程中，一些有实力的网贷公司将有可能兼并一些不规范中小型网贷公司。而那些专注于P2P借贷的公司将与互联网公司和金融服务机构合作。不断优化产业链，形成一个巨大的"互联网金融产业集群"。

不管怎样，P2P都是一种极具发展潜力的借贷模式。P2P网贷弥补了传统商业银行在资金处理效率与增值服务方面的不足，拓宽了中小微企业的融资渠道，并解决了借款人与放款人信息不对称的问题。

在"互联网+"时代，如果你看不懂P2P的发展趋势，就会错失投资良机。

P2P的成功靠什么运作？

"鼻祖"Zopa

提到P2P的运作，就不得不说P2P的"鼻祖"——Zopa。

詹姆斯·亚历山大、理查德·杜瓦、萨拉·马休斯和戴维·尼克尔森4位年轻人共同创办了一个叫Zopa的平台网站，并于2005年3月在伦敦正式上线运营，为有资金需求和有闲置资金的个人用户和小型企业提供了一个互动平台。该网站于当年被评为"全球首家P2P网络借贷平台"。

国内外P2P之比

可以说Zopa是P2P网络借贷平台的"鼻祖"，相比之下，目前依然是英国最大的 P2P 网络借贷平台。对比如表 3－1 所示：

表 3－1　国内外网络借贷公司

概况	Zopa	拍拍贷
成立时间	2005 年 3 月	2007 年 6 月
员工数量	45 名	约 90 名
累积放款额	4.09 亿英镑	7 亿元（人民币）
全年放款额（2013 年）	2 亿英镑	200 万元（人民币）

这两家公司起步时都是纯信用无担保的网络借贷平台，都采取以借款人的贷款需求、由出资方报出期望的投资收益率（加上平台费用后形成贷款利率）参与竞标、利率低者胜出的运作模式。（见图 3－1）

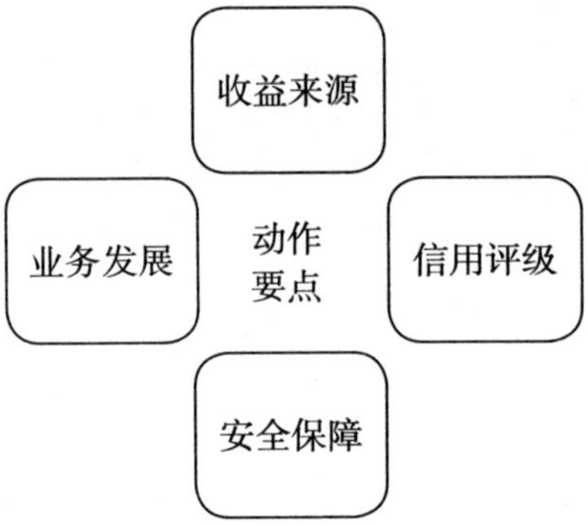

图 3－1　成功 P2P 平台的运作模式

1. 收益来源

以 Zopa 为例，早期的 P2P 借贷公司都采用竞标模式形成贷款利率。在这种模式中，借贷活动的发起人是借款人。借款人首先提出借款需求，在网络平台上发布借款列表，平台对借款人的材料真实性进行审核并给出信用评级后形成投资标的；出资方根据自己的收益预期和风险偏好筛选标的，对符合自己风险要求的标的报出愿意出借的利率。多个出资方可以对同一标的进行投标，依据时间优先和价格优先的原则达成一致的借贷利率，即竞标。在此过程中，平台不参与交易过程，只负责信用审核、展示及招标，以账户管理费和服务费为收益来源。拍拍贷自成立以来一直采用该运作模式。

但在后来调整之后的新运作模式中，Zopa 向借款人提供 3 年期和 5 年期两种贷款，利率水平由借款人的信用等级决定，借款资金按月偿还，可以提前还款且不收取任何违约金或罚息。其网站数据显示，3 年期的实际贷款水平在 5.8% 左右（包含了 Zopa 收取的费用），比同类型银行贷款至少低 10%。而投资者则感觉是把钱进行了固定收益的储蓄。与贷款的期限匹配，投资者也可以进行 3 年期或 5 年期投资，Zopa 在后台把每个投资者的资金分成 10 英镑一份，根据投资者对借款人信用等级的要求，分散到风险不同的子借款人。投资者每月都会收到还款，投资者获得的收益是子借款人偿还的、扣除了 Zopa 收取的费用和预估的坏账（有一部分给到了“安全保护基金”）之后的金额。为保证风险被有效分散，Zopa 建议客户至少投资 2000 英镑，这样资金可以被分配到 200 个以上客户手中。若借款人未能按时还款，将由“安全保护基金”向投资者先行垫付。投资者可以提前支取资金，但要给 Zopa 支付 1% 的费用，Zopa 的“快速回款系统”会在 3 ~5 日内将资金退还给投资者。

总的来说，Zopa 的收益来源主要有两点，如表 3 –2 所示：

表 3 –2　Zopa 的收益分析

收益来源	收益分析
收益来源一	向借款人收取的手续费，包含在借款人支付的利率当中，在借款请求获得成功后立即支付，手续费高低与借款人的信用等级有关
收益来源二	向投资者收取的每年 1% 的管理费，这笔费用在借款人还款时收取

再以拍拍贷为例，拍拍贷对投资者不收费。那它的收益来源是什么呢？如表 3 –3 所示：

表 3 –3　拍拍贷的收益分析

收益来源	收益分析
收益来源一	借款期限在 6 个月（含）以下，借款成功后收取本金的 2%；期限在 6 个月以上，收取本金的 4%
收益来源二	对于借款人，不成功则不收取服务费。第三方支付平台需要收取充值服务费和取现服务费，一般按笔数收取 3～10 元不等
收益来源三	在某些认证过程中，拍拍贷会通过第三方进行认证，并代收第三方指定费用
收益来源四	如果借款人逾期，出借人收回全额罚息、利息、本金后，拍拍贷再按照每天逾期本金的 0.6% 收取催收费用，由拍拍贷奖励积极参与催收的出借人或者补贴催收成本
收益来源五	如果借款人逾期超过 60 天，拍拍贷把对该笔借款所收的成交服务费按比例如数补偿给出借人。借款人还款后，网站将从出借人那里收回这笔费用

2. 信用评级

Zopa 的目标客户群定位在评级最高的客户，目前 80% 以上的客户都是“A +”评级的。小额借款人是 Zopa 的命脉，他们不仅是回头客，而且会告知其朋友，为 Zopa 做免费宣传。根据目标借款人提供的材料和个人信息，通过参考消费者信用评估机构 Equifax（艾可飞）公司的信用报告，Zopa 对每个借款人进行风险评分。Zopa 的风险评估体系分为 A +、A、B、C 和商业贷款五个级别。其中“A +”客户中的坏账率仅为 0.2%。依据评分结果确定是否接受其借款请求。借款人需要年满 20 周岁且在英国居住 3 年以上，同时需要提交 Zopa 能够确认其身份的材料和相关的信用记录，在核实了借款人具有能够偿还其借款金额的收入水平和良好的还贷记录后，Zopa 即可提供贷款。

拍拍贷则由技术来完成 70% 的信用审核工作。拍拍贷的审核系统对接了公安部的全国公民身份信息中心、教育部的学历信息中心、法院诉讼数据中心及各地的工商信息中心等，这些可靠信息源是信用审核的基础。获取散落在互联网上的碎片化信息也是拍拍贷线上信审的重要方法：搜集申请人在社交、购物及其他网站上的使用信息，再按照风险模型进行拼凑和评估。拍拍贷的大数据通过记录分析用户在网站上的种种行为，通过每一次访问、每一条发言、每一个动作等规律性行为判断用户的信用。对于每个借款人，拍拍贷现在已发展出 2000 个数据维度。拍拍贷的信用体系分为 A、B、C、D、E、HR 六个级别，分数越高，表明信用等级越高，相应的贷款成功率也就越高。信用等级也影响借款人的借款额度。

3. 安全保障

“安全保护基金”的引入是 Zopa 新模式的重要组成部分，从根本上改变了投资者资金的风险属性。

“安全保护基金”是指有效地从所有出借人中分散坏账带来的冲击，其资金来源是向各个借款人收取的风险准备金。借款人的风险评分越低，风险准备金的比例就越高，如果评级良好，就可以少承担一些风险准备金。

在英国，只有保险公司有资格开展担保业务，所以 Zopa 没有“保本保收益”这一提法，投资者需要自行承担贷款风险。2013 年，Zopa 在改变运作模式的同时建立了安全保护基金，该基金是在贷款人不能按时还款时，先行将本息垫付给投资者，并获得向借款人追索还款的权利。安全保护基金的引入提高了投资者资金的安全性，因此预期收益略有下降，由原来的 5% 以上降到 4.6% 左右。如果坏账太多，比如高过上一次金融危机的数额，从而使得安全保护基金也无法覆盖，那么每个出借人都会受到直接影响。这笔资金不是Zopa公司的收入，谁都不能碰，由第三方理事会监管，只能用来偿付出借人的损失。截至2013年10月，该基金的规模已超过1500万英镑，并且每天都在增长，而按照历史坏账率测算出的坏账还不到100万英镑。

而拍拍贷采取的主要是“本金保障”策略。

2011年7月，在全行业走向担保模式的情况下，拍拍贷也推出“本金保障”策略来吸引更多的投资者。对于同时满足通过身份认证、成功投资50个以上（含50个）借款列表（同一列表的多次投标视为一次）、每笔借款的成功借出金额小于5000元且小于列表借入金额的三个条件的投资者。当列表坏账总金额大于收益总金额时，拍拍贷将在3个工作日内赔付差额。投资者要得到本金保障并不容易，要花费大量的时间来筛选可信借款人，再进行多次小额而分散的投资操作。拍拍贷作为目前中国极少数不提供担保的P2P借贷公司，在与投资者签订的电子合同中明确注明，平台对收益及本金不提供任何形式的担保，一切风险由投资者自己承担。

4. 业务发展

为解决中小企业融资难的问题，政府为Zopa提供了1000万英镑，让其向管道工、窗户清洁工等试图创业的人提供上限为2万英镑的创业贷款，这也将改变Zopa主要提供个人消费贷款的模式。以此为契机，Zopa将加大机构投资者的引入力度。Zopa一直都是开展线上个人对个人的贷款业务，未来准备开展机构对个人的贷款业务。Zopa通过互联网平台提供1000~15000英镑的小额贷款。已经有超过5.7万人从Zopa成功贷款，平均每笔贷款规模为3500英镑，利率为2%~3.5%，多年以来的坏账率仅为0.2%左右。有超过4.3万名投资者通过Zopa将资金借给他人，出借金额为10万~100万英镑，平均借款规模为5500英镑。有数百笔借款规模超过10万英镑，其中有两笔借款超过100万英镑。这些投资者在过去获得的平均收益率为5%。

拍拍贷的服务主体则是微型企业和个体工商户，借款用户中小微企业的占比为40%，但这一群体的贷款金额占据了平台总交易量的80%。拍拍贷还曾获得红杉资本的千万美元级首轮风险投资。小额、短期、分散化一直是拍拍贷最显著的特色。拍拍贷的借款金额为1000元至50万元不等，借款期限为1到12个月，借款金额在1万元以下的借款人占比超过80%，单笔平均借款额为1.1万元左右，单笔平均借款期限为6个月左右；投资者单次平均投资金额为262元，而行业的平均值达到4706元。

"Lending Club（借贷先锋）"的秘密

Lending Club 与 Prosper 简介

放眼全球，在P2P借贷平台领域中，占据市场前两位的分别是Lending Club 与 Prosper。二者简介如表3-4所示：

表3-4 Lending Club 与 Prosper 概况

平台	概况
美国第一家 P2P 借贷网络平台	Prosper是美国第一家P2P借贷网络平台，目前在全美拥有200万用户，对全美几十个州的投资者开放，累计信贷规模约为6.9亿美元。自2009年以来，该平台的收入和放款额的年增长率在200%左右。Lending Club成立以来，除2011年增长速度为198%外，其他每年的增长率均超过200%（其中2007年、2013年的统计时间尚不足1年）

续表

平台	概况
全球最大的 P2P 网络借贷平台	Lending Club 从 2007 年 6 月发放第一笔个人贷款开始，业务飞速增长，2012 年 11 月宣布实现盈利，当时在个人贷款上的累计放款规模已超过 10 亿美元。到了 2013 年 7 月，其累计放款规模突破 20 亿美元。到 2015 年上半年，其累计放款规模已经超过占据了美国 P2P 借贷市场 80% 左右的市场份额，是全球最大的 P2P 网络借贷平台

由于两家公司的运作模式基本相同，因此，我们主要以 Lending Club 为例对 P2P 借贷平台进行介绍。

P2P 借贷平台运作

1. 流程

与上一节介绍的 Zopa 模式类似，作为借款人和投资者的中介，Lending Club 平台对借款人进行信用等级评定，根据信用、期限确定贷款利率，将审核后的贷款需求放到网站上供投资者浏览和选择，内容包括贷款总额、利率和客户评级。投资者在网站注册后，浏览已经审核的贷款需求清单，选择要投资的对象，自行决定分配给每个借款人的金额，每笔投资不低于 25 美元。投资者与借款人之间没有直接的资金往来，而是购买平台发行的与借款人的贷款相对应的收益权凭证。在投资者确定了投资目标后，通过由美国联邦存款保险公司（FDIC）担保的犹他州特许的银行 WebBank 对借款人发放贷款，该银行马上将贷款以凭证形式销售给 P2P 平台公司，获得投资者为获得收益权凭证而支付给平台的资金。投资者与借款人之间无直接资金往来，也无直接债权债务关系，其本质是一个贷款资产证券化的过程。在此过程中，Prosper、Lending Club 以及

WebBank 都不承担贷款违约的风险。

还款是由借款人还给平台公司，再由平台在扣除了管理费和其他费用之后支付给投资者。投资者的收益权凭证可以在一家经纪公司进行转让和交易，若转让成功，经纪公司向卖出方收取面值的 1% 作为手续费。具体而言，经纪公司向卖出双方收取的手续费用如表 3－5 所示：

表 3－5　经纪公司向卖出双方收取的手续费用

<table>
<tr><th>收款对象</th><th>收款项目</th><th colspan="2">具体内容</th></tr>
<tr><td rowspan="3">借款人</td><td rowspan="3">融资费用</td><td rowspan="3">这个费用由借款人所借款项的等级决定（Prosper 为 0.5% ~ 4.9%）。这笔费用已经包含在借款人的年度融资成本当中，在贷款之前一次性支付。此外，对于借款人可能还有三笔费用</td><td>未成功扣款的手续费：如果由于借款人账户原因，Lending Club 未能成功地扣除每月还款，每次将收取 15 美元的费用</td></tr>
<tr><td>逾期还款费用：如果借款人在还款日未能还款，将会有一个 15 天的宽限期，从第 16 天开始将收取应还款金额的 5% 或者 15 美元，每逾期一次就收取一次</td></tr>
<tr><td>支票还款费用：如果用支票还款，每次将收取 15 美元的手续费</td></tr>
<tr><td>投资者</td><td>服务费用</td><td colspan="2">Lending Club 主要收取借款人所还金额的 1% 作为投资者服务费；如果借款人未能及时还款，对于需要 Lending Club 催缴的部分，Lending Club 将收取 30% ~35% 的费用。Lending Club 要求投资者在其平台上的投资不得超过可投资资产的 10%</td></tr>
</table>

2. 利率

Lending Club 向个人提供 1000 ~ 35000 美元的无抵押贷款，分为 3 年期和 5 年期两种。具体利率计算方式如表 3－6 所示：

表 3-6 Lending Club 的利率计算方式

计算方式	具体内容
结款金额	借款金额在 1000~9975 美元这个区间的只能获得 3 年期贷款
利率	固定利率
利率公式	贷款利率 = 基准利率 + 对风险及波动率的调整
考虑因素	该公式不仅考虑借款人的信用分数（分数区间是 300~850，Lending Club 要求 660 分以上，Prosper 要求 640 分以上），而且考虑从借款人的信用报告（报告涵盖 36 个月的信用记录等）和贷款申请中提炼的几个信用指标（比如借款人的社会安全号码等）组合
及时调整	调整风险及波动率的目的是能够覆盖预期损失，为各档次贷款提供更高的风险调整收益

如果申请人通过了初始信用审查，Lending Club 的专有评分模型将对借款人进行评估，由此确定拒绝或批准申请。

初始评分模型提供给申请人一个评分，然后与申请人的评分及若干其他信贷属性一起输入到一个系统模型里。模型基于一个内部开发的算法，分析借款人的表现，并综合考察申请人的信用评分、信用属性和其他申请数据。模型评分介于 1~25 之间，分别对应一个子级基础风险，然后根据信用风险指标对子级基础风险进行调整。这些指标包括借贷金额和借贷期限。调整后的贷款将被划分为不同的级别，对应不同的基础利率，最后向客户提供更好的借贷服务。

基于互联网技术的小贷模式：阿里小贷

什么是阿里小贷

阿里巴巴集团旗下的两家小额贷款公司，简称“阿里小贷”。

这两家公司是浙江阿里巴巴小额贷款股份有限公司和重庆阿里巴巴小额贷款股份有限公司。两者都是经注册地金融办批准经营小额贷款业务的公司，注册资本分别为6亿元和10亿元。凭借阿里巴巴集团在互联网技术、资源以及客户方面的优势，阿里小贷针对国内小微企业数量众多、需求额度小、融资需求频率高的实际特点，建立了以“网络、数据”为核心的小额贷款模式。

关于阿里小贷

在贷款方式、放贷规模、社会影响力等方面，阿里小贷都堪称行业翘楚。

1. 阿里小贷的特点：信用、小额、期限灵活、利率较高

在阿里小贷，上述几点特性得到了较为充分的体现，使得大批量向小微企业发放“金额小、期限短、随借随还”的小额贷款服务成为可能。同时也突出了阿里小贷对互联网技术的运用，如表3－7所示：

表3－7 阿里小贷对互联网技术的应用

小贷数据	具体应用
行为数据	以阿里巴巴中小企业数据库和信用记录平台中的电子商务活动为行为数据
信用数据	包括商品发布、销售数据、供应链情况及客户评价等信息作为信用依据
评价数据	引入网络数据模型和在线视频资信调查模式，通过交叉检验技术和第三方验证确认客户信息的真实性，将客户在电子商务网络平台上的行为数据映射为企业和个人的信用评价

2. 阿里小贷的审核流程与条件

针对不同的客户类型，阿里小贷对提供的贷款产品在审核流程和审核条件上有所不同。目前阿里小贷的借款人都是阿里巴巴集团旗下 B2C（包括淘宝网和天猫商城）和 B2B（包括阿里巴巴诚信通和中国供应商）平台上的小微企业。

B2C 平台的客户可以获得订单贷款和信用贷款，此类贷款占到贷款总额的 80% 左右。

（1）订单贷款

订单贷款是一种应收账款质押贷款，为淘宝网、天猫商城的卖家解决短期资金周转难题，最高可贷 100 万元。流程是卖家根据已发货订单申请质押贷款，网上操作 3 分钟即可获得贷款，按日计息，并在确认收货后由系统自动完成还款。

（2）信用贷款

信用贷款是以卖家在淘宝网、天猫商城的网络交易数据、行为数据作为信用评估依据，完全线上操作，贷款额度最高为 100 万元，贷款期限最长 6 个月，按日计息，随借随还。阿里小贷为 B2B 平台客户提供阿里信用贷款，这类贷款占比 20%。阿里信用贷款是为阿里巴巴诚信通、中国供应商等付费会员提供的无抵押无担保贷款产品，其主要放贷依据是会员在阿里巴巴平台上的网络数据，以及贷前调查团队通过视频调查交叉验证得出的企业及企业主综合评价，随后给出贷款授信额度，一般为 5 万～100 万元（一次授信可循环使用）。阿里信用贷款的申请略微复杂，条件包括会员注册时间、企业销售凭证、法人代表的身份认证等 8 类条件。

3. 阿里小贷的优势

由于借款人客户群体的特殊性，阿里小贷具有其他 P2P 平台无可比拟的信用评价方面的优势。具体优势如表 3－8 所示：

表 3-8 阿里小贷的优势

小贷优势	具体分析
掌握真实信用状况	通过小微企业主在阿里巴巴平台上的行为表现，对其历史交易记录进行分析，掌握其真实信用状况
分析企业完整信息	评级系统会分析小微企业主的阿里巴巴平台认证与注册信息、留下的痕迹、贸易平台表现，如登录管理、广告投放、社区行为等
分析客户交互行为	进行客户交互行为分析，如顾客的收藏、反馈、评价情况等。所有信息最终都会进入数据库进行定量，并将数值输入网络行为评分模型，从而对小微客户进行评级分层

阿里小贷与传统 P2P 借贷公司最大的区别在于其资金来源中无个人投资者。阿里的贷款都是阿里小贷公司先用自有资金放款，然后对小贷资产进行证券化转让。但是我们也看到，国外的 P2P 企业运作模式就是向投资者出售收益权凭证，实际上已经实现了监管要求下的证券化，同时出现了非常明显的投资者机构化的趋势，例如，Lending Club 的机构投资者占比已经达到 70%。P2P 作为一种新兴的商业模式，其最核心的内容不在于是否点对点，而是应用现代互联网技术，让金融流程越来越简单，金融效率越来越高，这样才能最终实现普惠金融。

第 4 章

众筹崛起："天使投资"与"社交红利"的双重诱惑

走进中国的众筹平台

什么是众筹？

众筹是指以感谢、实物、作品、股权等为回报形式，通过互联网平台向公众或特定的公众募集项目资金的新兴融资方式。在众筹平台亿觅网上，只要有好的创意，提交人即使没有产品设计经验，平台也会通过产品设计师把你的创意转变成现实的产品。在这个过程中，你不仅实现了自己的创意，而且可以分到提成。对于并不缺资金的项目发起人而言，如果想了解市场对自己研发的新产品的市场需求，众筹平台就是一个很好的选择。通过非常廉价的产品展示以及和关注者进行互动，就可以获得相对真实的市场潜在需求信息。与传统的市场调研方式相比，这种方式不仅结果更加可靠，成本也大幅下降。众筹平台从本质上讲也是一个社交平台，因此，它不仅有融资功能，而且相当于免费的市场推广。对于流量较大的众筹平台而言，效果可能会更加突出。

代表网站

众筹网站的代表是2009 年创立的 Kickstarter，它支持每个人发起创新性项目，包括电影、科技、游戏等，进而向公众集资。项目的一方是项目发起人，他们有创意但缺乏资金，他们需要提出项目的创意说明、执行方案，便于让社会公众了解并争取社会大众的支持；项目的另一方是社会大众，如果其中有人愿意成为项目的出资人即支持人，他们的投资回报不是金钱或股权，而往往是与该项目相关的实物或非实物。在项目设定的时间内，若资金数量达到发起人设定的目标就算募集成功，若未达到目标则算募集失败，Kickstarter 将把已经募集的资金退还给项目的支持人。在项目募集成功的情况下，Kickstarter 收取一定比例的佣金。通过 Kickstarter 提供的平台，很多创业项目或创意有了实现的可能。

种类划分

众筹平台可以划分为不同的种类。以众筹平台的项目来源和定位为标准，众筹平台可以分为四类。

1. 综合性的众筹平台

以美国的 Kickstarter 和美国的 IndieGoGo 等为全球代表，国内则以点名时间为代表。就 Kickstarter 而言，其众筹项目分为艺术、漫画、舞蹈、设计、时尚、电影和视频、食物、游戏、音乐、摄影、出版、技术和剧院等共计 13 类。就点名时间而言，其项目分为科技、音乐、影视、设计、出版、游戏、动漫、摄影和其他等9类。

2. 垂直或行业性的众筹平台

主要针对特定的类别或行业的项目开展众筹活动，比如房地产类、体育类、时尚类、音乐类、电影类、写作类、创业类、学术类等。例如美国的众筹平台Goflmdme，主要是为他人提供生活救济，其众筹项目主要集中在生活救济这一大类中，具体包括意外事件、社区特别活动、邻居比赛、音乐、电影梦想、教育、学校、葬礼、医疗、疾病等。国内的众筹平台乐童音乐则主要针对音乐项目开展众筹。

3. 股权众筹和非股权众筹平台

以众筹平台项目的投资回报是否主要采取股权方式，可分为股权众筹和非股权众筹平台。股权众筹平台有美国的Fundersclub、英国的Crowdcube、中国的大家投和天使汇等，而非股权众筹平台有Kickstarter、IndieGoGo和Gofundme等。

4. 领投式股权众筹和非领投式股权众

根据股权众筹是否包含领投机制，可以分为领投式股权众筹和非领投式股权众筹。比如，国内的大家投和天使汇都包含领投机制，都可以认为是领投式股权众筹平台，而美国的Fundersclub、英国的Crowdcube则属于非领投式股权众筹平台。

众筹新形式："娱乐宝"

2014年3月26日，阿里巴巴宣布"娱乐宝"正式开放预约。在首批项目中，网友可对《小时代》系列、《狼图腾》、《非法操作》及游戏《魔范学院》这四个项目投资进行预约，首期募集资金约7300万元，最低投资额为100元。这意味着网民只要花100元，就可以实现自己的电影梦。虽然阿里巴巴强调"娱乐宝"与众筹模式有着本质区别，明眼人都看得出来，这就是一个众筹产品。

在 2014 年 3 月 26 日的发布会上，阿里数娱总裁刘春宁也表示，“娱乐宝”希望提供一个大众化的投资平台，拉近普通网民和文化产业之间的距离。对电影制作方而言，“娱乐宝”可以带来资金保障，用户们“用钱投票”，评判对某个影视项目导演、演员、剧本的喜好程度，实现“大数据创作”。无论阿里巴巴是出于什么用意，总之“娱乐宝”的推出一下子缩短了受众与电影、游戏产品之间的距离。由于受众亲身参与了这些作品的制作，这些电影或游戏作品日后出品后，人气肯定很旺。阿里巴巴永远不做风险太大或者亏本的生意。

奇怪的是，作为一个互联网巨头，阿里巴巴不可能缺乏资金，既然不缺金，为何还要“可怜巴巴”地向广大网友募集资金呢?

一个最有可能的解释是阿里巴巴此举一方面是为了继续向保险行业进攻，另一方面是为了日后进军娱乐行业奠定人气基础。阿里巴巴推出“娱乐宝”的首期合作伙伴是国华人寿。阿里巴巴一直以来，都在谋划一个金融大局，保险业务正是其中之一。阿里此举就是为了在保险业继续站稳脚跟。当然，国华人寿是一个保险公司，它对娱乐事业不会有太大野心，而真正对娱乐事业有野心的，就是阿里巴巴。

众筹渗透到了哪些行业?

在众筹网站上发起项目的程序并不复杂。项目发起人通过文字、图片、视频等将自己希望实现的创意或梦想展示在网站上，并设定需要的目标金额及达成目标的天数，然后等待投资人。值得注意的是项目在展示到网上前必须经过审核。发起人必须先将自己的创意，包括设计图、成品、策划方案等，要达到可展示的程度，才能通过平台的审核，而不单单是一个概念或者一个点子。换言之，项目能否通过审核，以及能否得到大家关注，一方面在于创意本身。还有一个十分重要的方面即是包装，亮眼的创意加上完美的包装，才是在众筹平台取胜的关键。

众筹模式为何能在中国落地、生根、发芽？

这有很大一部分原因是受益于当下中国的金融环境。如表4－1所示：

表4－1　中国的金融环境

金融环境	具体分析
中小微企业融资难	中小微企业融资难是困扰中国经济发展的一个顽症，是影响中国市场经济持续性发展的一大顽疾，特别是2008年金融危机以后，这个矛盾更加尖锐地暴露出来。尽管央行、银监会、工信部等职能部门几乎每年都要出台支持中小微企业发展、解决其融资难的政策办法，但由于银行体制等原因，效果不尽如人意，融资难问题至今仍未破解
民间资本无处可去	中国庞大的民间资本却无处可去，银行储蓄利息低妇孺皆知，中国的投资环境并不健康，被人戏称为“股市如赌场，基金如吸毒”，而国有大型银行、地方性股份制银行要么是国有独资，要么是国有控股，民间资本银行也大多停留在口角之中。一直以来，庞大的民间资本，如同在地下暗流涌动的水，始终找不到一个出口

对于这样的窘境，国家并非视而不见。与其堵塞，不如疏通。所以近年来，国家开始鼓励民间资本进入投融资服务领域，因而致力于互联网金融投融资平台类服务的企业也应运而生。然而两年多来众筹模式借着“草根”力量一直奋力向前，同时也谨小慎微。为了避免有非法集资之嫌，众筹项目的回报方式往往不是真金白银，而是采用“团购＋预购”模式。所有的项目尽可能避开资金或者股权作为回报，项目发起人更不

能向支持者许诺任何资金上的收益，而是以实物、服务或者媒体内容等作为奖励。也就是说，在这个层面上，众筹对一个项目的支持属于购买行为，而不是投资行为。这让众筹融资和非法集资产生了本质上的区别。

众筹已经渗透到了哪些行业?

1. 文化行业

就目前而言，众筹融资，大部分侧重于文化产业。例如，点名时间网站上的项目类别包括设计、科技、音乐、影视、食品、漫画、出版、游戏、摄影等。侧重于文化项目与文化项目的特殊性有关。由于文化项目重创意、轻资产，往往被认为“不切实际”，也很难在银行融到资金。很多年轻人，心中有创意、有剧本，万事俱备只欠资金。但他们又很无奈，因为他们的情况不符合银行融资要求，也很难被风险投资者光顾。因为即使成功，他们能带给风投的回报也实在太低。难怪我们经常会看到一些失意的文艺青年，他们胸怀梦想，却只能将梦想压在心底，被迫去谋生，去闯荡。就在这个时候，众筹平台逐渐兴起，这批失意的怀梦者，幸运地成了时代的宠儿。

2. 农业、餐饮业、出租车业

随着众筹模式的逐渐成熟，众筹模式已经不仅限于服务文化产业，农业、餐饮业、出租车行业等相继加入进来。在这个平台上，江西赣州的橙农在300多人的资金支持下卖出了果园囤积的橙子。一个想创业卖煎饼又苦于没有启动资金的“80后”，通过股权众筹平台“天使汇”筹集到300万元资金，然后将煎饼卖成了风靡京城的“黄太吉煎饼”。在这个平台上众筹成功的项目，还有大家耳熟能详的“滴滴打车”以及APP软件“大姨妈助手”。众筹平台因而夺得美名，“有想法没钱实现，众筹平台或许能拉你一把”。

股权众筹融资，将众筹平台上升到了一个新层次，这到底是金融创新还是钻法律“空子”？现在谁也无法回答，或许，我们只能期待一部法律的早日出台，该规范的规范，该鼓励的鼓励。然而，无论是一般的众筹平台，还是股权众筹融资平台，谁也不能否认，众筹模式的的确确给普通的我们提供了一个实现梦想的平台，这种源于“草根”用于“草根”的模式，让金融最大化地惠及了普普通通的大众身上。身处于这个贫富差距如此悬殊的时代里，没有出身、性别、学历限制，“草根”也能逆袭成为“天使”，“草根”也能实现心底梦想，这或许是互联网金融将赋予我们这个时代最大的礼物，众筹崛起的时代或许已经来临。

众筹 VS 企业，谁成就了谁？

成就企业

有人问，众筹和企业，到底是谁成就了谁？

在众人的支持下，众筹平台帮助很多企业和个人渡过了难以想象的难关，也让被帮助者感动万分。国外一家知名众筹平台一共为生活救助项目募集了近1.3亿美元，每个项目都有成千上万人参与，大家通过互相帮助，使社会更加温馨、友爱与和谐。

“成就”有四

1. 支持中小企业发展

中小企业是经济运行中的“毛细血管”，起着承上启下的作用。对于中小企业而言，需要的资金在几十万到几百万元之间，而不管是股权众筹还是非股权众筹，正好能满足这个层次的融资需求。另外，中小企业也没有过多的资金去投放广告，更多的是依靠人脉资源，而众筹平台不仅可以让其在众筹平台上进行一次免费的市场推广，还有助于实现其产品的定制化生产，实现低库存和灵活的现金周转。

2. 提高国家创新能力

众筹平台天然就是创新的孵化器。它通过引导市场资金与市场创意和创新技术进行对接，使社会上有想法、有技术、有追求的人有实现自己梦想的机会。在这个过程中，一个想法就可能转化成一个产品，一个产品就可能创造一个企业，一个企业就可能引发和带动更大的技术和思想革命，从而不断地推动国家创新。比如，外国 Kickstarter 平台上的智能手表 Pebble 就是一个很好的例子。这个概念被机构投资者拒之门外，却受到了 Kickstarter 上的购物者们的青睐：这种智能手表已经从 8.5 万多人那里筹集了 1000 多万美元。倘若没有 Kickstarter，Pebble 也许就不会产生。

3. 促进和增加社会创业

众筹平台帮助那些有想法但缺少资金的人实现创业梦想，使那些中小企业可以雇用更多人去推进新想法变成产品的进程。这个过程不断地产生和带动了新的就业机会。

4. 增进社会公平

在一个贫穷的人看不到希望的社会，就容易引发社会矛盾；而众筹平台使有想法、有才能的人拥有实现自己梦想的可能，这就会增加社会公平感。

股权众筹缘何“胎死腹中”

与非股权众筹不同，股权众筹是一种风险较高、期限较长的投资行为，投资存在流动性差、没有分红、股权被稀释、被投资企业经营失败等风险。另外，股权众筹的运作模式、所需要的专业人员和业务所处的法律要求等也和非股权众筹存大巨大的差异。

经过几年的发展，美国和英国的一些股权众筹平台已经初步成熟。这些平台能够让投资者在线上完成全部投资流程，使其感受到相对便捷和舒适。以 Fundersclub 为例，合格的投资者可以浏览融资公司的材料，并通过电子签名的方式在线支付，完成所需要的主要投资流程。

目前，中国股权众筹平台有天使汇和大家投等。由于国内没有股权众筹的法律支持环境，股权众筹平台的发展受到较大限制，有不少股权众筹平台和项目“胎死腹中”。这两家股权众筹平台均采用领投加跟投的模式，主要是为了尽可能地规避现有的法律风险。

平台认证

合格投资者需要平台进行认证。

一般而言，股权众筹平台要求投资者必须是合格投资者，否则就没有投资资格。那么，一般的众筹平台对投资资格的认证都有哪些要求呢？如表 4－2 所示：

表 4－2　众筹平台对投资资格的认证

平台	认证方式
Crowdcube 平台	Crowdcube 于 2011 年 2 月正式上线，是全球最早成立的股权众筹平台。天使汇成立于 2011 年 11 月，主要定位于通过合投方式对中小企业进行天使轮和 A 轮投资，为投资者和创业者提供在线融资对接服务。对于 Crowdcube 而言，投资者可以提交一个证明自己是高净值人士或有丰富经验的投资者的材料，或者填写一份针对投资初创企业涉及的高风险的问卷调查

续表

平台	认证方式
Fundersclub 平台	Fundersclub 对合格投资者的定义是，个人年收入在 20 万美元以上，或和配偶共同年收入达 30 万美元以上，或者除住宅以外资产净值在 100 万美元以上的人士。在投资之前，投资者需要完成一个投资者资格问卷调查并在上面签名，这将作为法律文件的一部分
天使汇	对天使汇而言，成为投资者也需要进行认证，具体步骤包括在平台上填写个人信息、描述投资理念和进行身份验证三个环节。其中，身份验证可以通过新浪微博加“V”用户绑定或上传投资者资料（比如投资者的名片、职位证明的照片或者扫描件）来完成

项目审查

融资方需要提供相关资料，供平台进行项目审查。

在进行众筹融资活动前，一般众筹平台需要融资方提供一系列必要的资料，一方面是需要向投资者说明融资方项目未来的发展前景；另一方面也需要展示对未来发展的信心和融资方对此次融资的重视程度。具体的审查要求如表 4 –3 所示：

表 4 –3　众筹平台对融资资格的审查

平台	审查方式
Crowdcube 平台	Crowdcube 不仅要求融资方提供商业计划书、财务预测，还需要提供视频推介和税收减免说明
Fundersclub 平台	Fundersclub 要求融资方提供商业计划书和未来 3 年的财务预测

融资模式

不同的众筹平台采用的融资模式不同。

Crowdcube 采用的是直接股东模式——平台上投资成功的投资者直接成为该融资企业的股东。一旦投资者成为公司的合法股东，投资者将会收到股份证书并在公司登记注册。需要注意的是在 Crowdcube 平台上投资的股份往往分为 A 股和 B 股，其区别是 A 股的投资者没有投票权，而 B 股的投资者拥有投票权。

基金模式：通过 Fundersclub 投资相关融资企业的投资者并不是融资企业的直接股东，而是一个专门为融资企业投资成立的风险投资基金的持有者，只不过其持有的基金的面值和投资公司的股票的价值是相当的。在这种情况下，投资者是 Fundersclub 中某个个股基金的持有人，对融资企业的投资并没有投票权，其所有投票权被对应的基金代理。这个机制的好处在于对融资企业而言，需要沟通的股东大幅减少；缺点是投资者对融资企业基本上没有什么影响力。

基金模式：通过领投人加跟投人的模式建立一个有限合伙企业，然后通过成立的有限合伙企业成为融资企业的股东。在这种结构中，领投人代表跟投人对项目进行投后管理，出席董事会；跟投人不参与公司的重大决策，不进行投资管理。跟投人如果要求提前退出，则需要服从公司董事会和领投人的安排，依据合伙协议自动退出，或者通过天使汇申请退出，或者在有限合伙人份额转让平台上进行转让。经常提前退出的跟投人将会留下记录，会被领投人和项目在做选择时剔除。

人数限制

投资的上下限和单一融资项目的融资人数限制。模式不同会导致单一融资项目的融资人数有较大差别。具体人数限制如表 4－4 所示：

表 4－4 众筹平台的不同融资模式

平台	融资模式
Crowdcube 平台	Crowdcube 采用的是直接股东模式，因此融资人数下限是 1 人
Fundersclub 平台	由于 Fundersclub 采用基金模式，因此要求任何一个融资项目的参与者不得低于 95 人。Fundersclub 设定了每一笔投资的下限，一般为 2500～5000 美元，上限没有特别限制。较低的投资下限便于投资者分散投资初创企业的风险
天使汇	中国众筹平台的单一融资项目的融资人数一般不会超过 200 人。例如，天使汇要求单个项目单次融资的投资人数不得超过 30 人，任何时刻的股东总数都不得超过 200 人；大家投则要求单个项目单次融资的投资人数不超过 40 人

收费模式

收费之前，要对企业进行估值。具体方法如表 4－5、表 4－6 所示：

表 4－5 众筹平台对企业的估值

平台	企业估值
Fundersclub 平台	由其内部的评估小组对融资公司的投资委员会提交的估值条款进行评估，并决定估值条款是否合理。初创企业的估值往往极其困难，评估小组并不为其确定的企业估值提供担保
Crowdcube 平台	同 Fundersclub 平台
天使汇	企业估值主要由领投人确定。领投人帮助创业者完善商业计划书，确定估值、融资额、最低单笔投资额、投资者席位数和投资条款，通过天使汇和自己的人脉将项目推荐给自己熟悉的投资者，协助项目路演，帮助项目落实跟投资金

表 4－6　众筹平台对企业的收费

平台	收费方式
Fundersclub 平台	Fundersclub 对其收取基金的增值部分收取相应的业绩报酬，而不对其持有的基金收取基于规模的管理费用。对于不同的融资标的，业绩报酬费率有所不同，但大部分在 20% 左右。Fundersclub 认为，这种收费方式从长期来看有利于实现与初创企业、投资者和平台三方的利益一致。除此之外，Fundersclub 还提供一些额外服务，例如流动性服务，便于基金持有人之间进行份额转让
Crowdcube 平台	Crowdcube 规定，如果融资成功，平台才向融资方征收融资金额的 5% 作为费用；如果融资不成功，则不收取相应费用。另外还要收取 1750 英镑的额外费用，其中，1250 英镑支付给相应的律师，处理相关法律文件；另外的 500 英镑支付给平台公司，作为处理股权证书的费用
天使汇	天使汇为领投人和跟投人提供便利的普通合伙人/有限合伙人管理系统，协助设立有限合伙企业，提供标准化的法律文本，并收取 5% 的利益分成。另外，跟投人应向领投人支付 20% 的利益分成，但无须向领投人支付管理费

如何玩赚非股权众筹?

非股权众筹业务相对清晰、简单，相对比较容易理解。在非股权众筹主体中，除众筹平台外，还有项目发起人、项目支持人和第三方支付机构。

其中，项目发起人按照众筹平台项目的指引要求，提供项目的介绍和宣传资料，包括图片、PDF 文件、视频等。项目支持人只要拥有第三方支付账户就可以成为项目支付人。第三方支付机构在整个众筹活动中起到划款的作用。对于国内现阶段的非股权众筹平台而言，第三方支付机构往往只是项目支持人款项划入众筹平台的募集账户的工具。

非股权众筹项目的回报形式多种多样，有物质层次的，也有精神层次的；可能是一个回报，也可能是回报组合。捐助雅安的项目，已经是一个捐款性项目，并不需要具体的回报。

一个项目的成功离不开众筹平台的帮助。在一个项目的筹资前后，平台需要做很多工作，具体如表4－7所示：

表4－7　非股权众筹的筹备工作

筹备项目	具体说明
筹资准备和建议	众筹平台会审核项目发起人的项目是否符合规范、资料是否齐全，必要时会和发起人进行互动，并提出一些建议。审核材料包括项目的介绍材料、项目期限设定、项目筹集金额的设定、回报内容的设定等
筹资活动的展示和互动	众筹平台会把通过审核的项目放到相应类别的展区，供他人了解，必要时会和发起人发起一个互动，让其他人更加深入了解项目本身的价值和意义
筹资活动的事后督促	在项目众筹结束后，如果募集成功，平台除了安排资金的划款或让第三方划款外，还需要督促回报的兑现。如果期间出现一些项目的具体问题，还需要在平台上进行说明，让项目支持人了解具体进展。如果回报是产品形态的，平台往往会承担一个监督和质量检验的角色。当然，平台一般不保证项目能够有效完成

非股权众筹平台一般是根据募集的金额和募集的状态进行收费。不同平台的收费规则也存在较大差异。由于部分非股权众筹平台引入第三方支付机构来完成划拨工作，便于提高平台的透明运作水平，最终取得更佳的信用和更多的支持。

发起人要想融资成功，有两点十分重要：一是发起人要选择一个适合项目的众筹平台，一般来说，项目发起人可以选择市场同类项目成功率最高的网站作为主要目标，依据这个选择综合性众筹平台还是行业性众筹平台；二是发起人要对众筹活动有充分的准备，并设定合理的众筹目标（见表4－8）。

表4－8　非股权众筹的筹备工作

筹备项目	具体说明
告诉大家这是一个有故事的项目	项目的文字介绍一定要真诚而严谨，成功的关键在于以情动人
告诉大家这是一个有趣的项目	拍摄一个有趣、充满吸引力的视频，讲述你和这个项目背后的故事。统计表明，有视频的项目能比没有视频的项目多筹得114%的资金
告诉大家这是一个合理的项目	包括设定合理的筹集期限、目标金额、支持者回报等
告诉大家这是一个有影响力的项目	充分运用微博、微信、豆瓣等活跃社交网站来推广，包括尽量争取亲朋好友的支持，以保证该项目有基本的人气
告诉大家这是一个懂得感恩的项目	感谢往往会让支持人感受到自身的重要性，并带来更多的支持人。建议尽可能以个性化的方式表示感谢或公开答谢

第 5 章

支付神话：一场由支付革命引发的平台创新

支付宝钱包与微信支付之争

除了存款、贷款业务外，银行的另一项关键收入就是支付，并通过支付收取佣金。信用卡就是典型的例子。信用卡为用户提供了付款的方便，商家为此付出一定比率的刷卡佣金。这是一块非常大的市场，这也是为什么地铁口、超市前，很多人在想方设法拉你办卡的原因。

在支付这个领域，“互联网＋”怎么可以缺席？关于互联网第三方支付，不同的人有不同的见解，如表 5－1 所示：

表 5-1 传统金融领军人物对互联网第三方支付的观点

人物	观点
交通银行董事长牛锡明	"我已经深切感觉到，互联网金融的发展会彻底颠覆传统商业银行的经营模式、盈利模式和生存模式。"
工商银行董事长姜建清	"通过在平台上收集交易数据，一些电子商务公司意图将其作为扩展业务至支付与金融服务等金融领域的基础。现在的情况就像 18 年前一样，银行将会觉醒。"
平安银行董事长马明哲	"第一，金融机构会小型化、社区化、智能化、多元化，因为大的网点已经很难经营了。第二，未来 5~10 年现金和信用卡会消失一半。第三，我们再大胆一点预测，20 年内银行或者是大部分的银行营业网点的前台将消失，后台也将消失，保留中台（即服务，因为服务的核心是中台），前后都可以外包出去。"
中国银行副行长王永利	"就像当年银行的出现改变了山西票号一样，互联网金融也正在改变着传统银行业。因此，面对新变化、新挑战和新机遇，商业银行必须做出改变，以更加开放的姿态去拥抱互联网金融。"

支付大战

阿里巴巴，支付宝作为淘宝的一个重要的支撑体系已经发展了很多年。我们把独立于银行的支付工具，叫作"第三方支付"。

最著名的第三方支付当属支付宝，它主要解决了在电商和其他的一些场景的"远程支付"问题。而另外一位著名创业者孙陶然的拉卡拉，通过在手机上加装一个小小的设备，把手机变为 POS 机，解决了包括收银在内的很多场景的"近场支付"问题。

早在 2013 年上半年，第三方支付的规模就达到了 6.9 万亿元。于是 2013 下半年，微信支付开始加入了战斗，迅速地扩大用户规模。到了 2015 年春节，一个在线"抢红包"的小游戏，让微信支付实实在在地火了一把。

腾讯公司副总裁表示："手机 QQ 在 2014 年就推出 QQ 钱包功能，基于这个功能我们在去年开发一系列支付场景，像购物、吃喝玩乐、彩票等，红包作为一个强需求的支付场景，对于手机 QQ 这样的社交平台来说十分有价值，所以今年赶在春节这个契机，我们也顺势推出了自己的红包功能。"

新年前的这几天，大家一边发红包，一边抢红包，一边还在赞叹：微信支付的产品经理实在是太牛了，让用户们心甘情愿地自己掏钱发红包给朋友们，教他们学习使用微信支付以及绑定银行卡。关键是钱花了大家还都很高兴！有人银行卡往微信支付的转账限额（比如招行每天限额 5000 元）很快用完，然后戏称这是他充值最多的一个网络游戏。

一个完全不花钱的微信红包，据说帮助微信支付绑定用户信用卡达几亿张，把支付宝前 8 年的事情全做了。第三方支付的市场打得不可开交。

而在"互联网 +"到来时，这场支付战役才刚刚开始。

春节期间，阿里巴巴投资的"快的打车"和腾讯投资的"滴滴打车"的价格战，正式打响了第二轮战役。两家公司的"大手笔补贴"对很多打车的人，尤其是对出租车司机来说，是不可思议的。有的人甚至用快的打到车后，上车再给司机补一个嘀嘀订单，从而可能让这次打车完全免费。为什么会有这么神奇的事情发生呢?

其实，这不是"滴滴"和"快的"之间的战斗，而是腾讯和阿里巴巴的战斗，是微信支付和支付宝之间的战斗。

有人算过一笔账，粗略估算，假设一个城市一天打车的交易额是 600 万元，30 个主要城市就是 1.8 亿元，一年 365 天，就是 657 亿元。支付宝和微信支付，是用"快的打车"和"嘀嘀打车"作工具，来抢占一个重要的支付场景。跟未来的前景相比，获得一个新客户付出的几十块钱成本还是很划算的。

我们可以越来越清晰地看清楚支付宝、微信支付的战略脉络：在“互联网+”时代，他们还会占据越来越多的支付场景！

支付革命推动互联网公司创新转型

颠覆的产生，不是因为动了银行的“蛋糕”，而是抓走了大众支付的通道。银行、信用卡被管道化，慢慢沦为支付宝或者微信支付平台上的内容提供者，整体平台基石已经被彻底挪空。在越来越多的支付场景中，用户会在支付宝、微信支付中二选一，对普通用户来说，选哪家银行的信用卡，已经变得越来越不重要。只有一点：能够和支付宝、微信支付绑定即可。这就叫作“管道化”。在这个阶段，支付宝、微信支付还是要和发卡行分钱。

可是“管道化”并不是结束，今天微信支付和支付宝都有第三方牌照。但是如果有一天，腾讯、阿里巴巴进一步拿到银行牌照呢？可以想象，它们必然会发行“支付宝储蓄卡/信用卡”和“微信支付储蓄卡/信用卡”，把大家的工资每月自动吸收过来，通过可以赚钱的阿里巴巴余额宝、腾讯理财通管理起来，大家需要买东西的时候，通过支付宝、微信支付直接完成。一个闭环形成的时候，传统信用卡对很多人来说，就真正多余了，会从主要支付手段，沦为以备不时之需的手段。在这个阶段，支付宝、微信支付已经完全不需要分一分钱给银行了，因为他们自己就是银行。

颠覆已经开始了，且不会止步，也不会回头。

实际上，互联网公司已经开始迫不及待地创新转型了。例如，苹果在 iPhone 上搭载了指纹读取器，目的就在于取代信用卡签名，届时所有的苹果用户在线下消费时都可以直接用指纹付账。谷歌也开发了自己的电子钱包，并且和万事达卡公司达成协议，拥有了数百万零售商。

所以，支付宝、微信支付，就是未来的信用卡。

如果它们真的有一天能做到这个地位，那么很多银行的支付业务也将受到巨大的冲击，重新考虑自己的生存问题。

平台崛起，各显神通

支付不仅引发了互联网公司及传统金融机构的大战，也激活了全新的第三方支付平台。例如，依托互联网的金融销售平台。

互联网金融销售平台是指金融机构或者第三方机构为实现金融产品销售目的、通过网络环境搭建的平台，是互联网金融中的重要一环，是连接客户和金融机构的纽带和桥梁：一方面，金融机构通过互联网金融销售平台向客户销售金融产品；另一方面，互联网金融销售平台最直接地反馈客户需求、投资偏好。

互联网金融销售平台主要分为金融机构自有平台和第三方机构平台。从网络技术上看，分为基于传统互联网的 PC（个人电脑）平台和基于移动互联网技术的移动终端平台，目前是以苹果公司的 iOS 平台和谷歌公司的安卓平台为主。

金融业务

在金融机构中，部分拥有互联网视野的银行、证券、基金、保险和信托公司均已建立起自有的互联网销售平台。同时，伴随着互联网技术的成熟，大量非金融机构也参与到第三方金融销售平台的搭建中，其中以网络技术和运营类企业为主。

在金融行业中，银行类业务均以机构自有平台为主。主要的国有商业银行和股份制商业银行均已建立起基于互联网的 PC 平台，且大多数已经或者正在推出移动互联网平台。

证券业务

证券公司通过行业系统开发商定制软件，建立起了以经纪业务为中心的网上交易系统。所有证券公司均有包括基于 PC 平台的网上交易系统。绝大多数证券公司基本实现了移动互联网的自主开发交易平台，或者通过行业系统开发商提供的移动互联网应用程序的接口实现了移动互联网证券交易。虽然目前的网上交易系统均可以较好地支持传统经纪业务，但在创新业务的支持领域仍有非常大的提升空间，特别是针对移动互联网平台的应用。

保险业务

在保险业务方面，各主要保险公司均开发了互联网投保平台，大部分保险公司还推出了移动互联网应用。同时，各保险公司还通过第三方保险代理平台、电子商务及诸如携程、艺龙等 B2C 方式实现各类型保险产品的销售。

信托业务

在信托业务方面，部分信托公司已开发出互联网信托销售平台，但信托产品主要还是通过银行、证券公司和第三方销售平台等线下模式实现销售。随着信托产品购买群体的逐步壮大，部分银行、证券公司和第三方销售平台已经开始支持信托产品的互联网销售。

基金业务

基金是采用互联网平台销售发展最快的行业之一。主流基金公司不仅开发了 B/S 架构的互联网销售平台，还大量通过银行的互联网销售平台、证券公司的客户端和第三方销售公司的互联网平台和移动互联网平台实现销售。

“小而快”的创新平台

目前，互联网金融销售平台的创新大多是产品购买流程的创新，其后台对接产品往往还是货币市场基金。在货币市场基金收益率较高的当下，以货币市场基金为突破口，对比活期储蓄收益，确实可以为未来曾尝试更多样、更复杂的金融产品的初级客户提供更多的便利和相对较好的收益。

何为“快鱼法则”?

这要从“快鱼吃慢鱼”说起。这句话是思科 CEO 钱伯斯的名言。他认为“在 Internet 经济下，大公司不一定打败小公司，但是快的一定会打败慢的。Internet 与工业革命的不同点之一是你不必占有大量资金，哪里有机会，资本就很快在哪里重新组合。速度会转换为市场份额、利润率和经验”。他说：“‘快鱼吃慢鱼’强调了对市场机会和客户需求的快速反应，但绝不是追求盲目扩张和仓促出击，正相反，真正的快鱼追求的不仅是快，更是‘准’，因为只有准确地把握住市场的脉搏，了解未来技术或服务的方向后，快速出击进行收购才是必要而有效的。”

因此，“互联网+”时代，我们不应盲目出击，做“大而全”，而应该做“小而快”。

“小而快”

近几年，有一类创新型的互联网销售平台正在崛起，例如以“让你的利息翻10倍!”为口号的铜板街，以“让记账的人更富有”为口号的挖财等。这类互联网企业将自身定位为理财产品交易的人口，同时以记账等日常生活必需的互联网工具作为配套产品，他们追求的就是“小而快”，而非“大而全”。

例如，挖财网通过3年时间，用户数达到1500万人（其中可能存在一部分流失客户、多平台重复计算客户等，但活跃客户数仍相当庞大）。挖财由在线记账理财平台、客户端记账理财平台、挖财论坛组成，其核心是在线记账理财平台和客户端记账理财平台。挖财还发布了名为“信用卡管家”的应用，帮助客户更好地管理家庭财务。在“互联网+”时代，挖财如果能够更好地使用大数据，就可以成为消费领域的大数据供应商，搭建自身的金融产品销售平台，或选择与其他金融机构合作，根据客户的消费习惯，向目标客户销售合适的金融产品。当然，挖财的金融产品销售平台尚处于发展初期，是否能够更好地实现用户转换将是其成功与否的关键。

专业优势：基金独立第三方平台

自从我国证监会正式颁发了独立基金销售牌照后，基金独立第三方销售平台崛起。其发展前景广阔，但竞争异常激烈：除与其他独立第三方销售平台的竞争外，银行、证券公司、基金公司直销和电商平台也各有优势。与银行客户基础大、证券公司专业客户基础好、基金公司具有直销的品牌效应和电商平台的客户广泛性等优势相比，独立第三方销售平台的优势在于其专业性。目前为止，在中国证监会公布的基金销售机构名单中，基金独立第三方销售机构共有21家。现阶段，活跃度较高的主要基金独立第三方销售平台包括好买基金网、数米基金网、天天基金网、众禄基金、诺亚财富。

根据中国证券业协会的数据，在独立基金销售牌照发放前，基金销售渠道主要包括银行渠道（约60%的市场占有率）、基金公司直销（约31%的市场占有率）和证券公司渠道（约9%的市场占有率）。这些基金销售渠道的核心问题在于以任务为导向，而非以客户需求为导向。基金公司和银行渠道均只重视首发，将资源和销售激励均投入首发基金中，而忽视产品的持续营销，忽视客户的实际需求。

独立第三方销售平台的产品基础是公募基金，其优势主要包括两点。如表5－2所示：

表5－2　独立第三方销售平台的优势

优势	内容
满足基金投资者的要求	独立第三方销售平台能够更好地满足基金投资者对客观、专业、持续服务的需求，帮助投资者正确认识和理解基金行业和基金产品
以客户为导向的销售	独立第三方销售平台能够以客户为导向而不是以销售量为导向进行销售，通过提高服务意识和服务水平，给予基金公司和基金投资者更多的选择

目前，我国的基金独立第三方销售平台均处于跑马圈地阶段，基金申购费率普遍控制在行业规定的四折左右，部分渠道均针对新开户客户

一次性提供100元以内的小额奖励。

以客户为中心的业务创新将是基金独立第三方销售平台成功的关键。基金持有人可以通过各种方式购买基金，代销基金产品齐全只是基金销售平台的基础优势。银行渠道和证券公司渠道也在推广“基金超市”，代理基金品种同样可以非常齐全。能够提供基于客户需求的、有别于其他基金产品销售平台的差异化服务，才能让基金独立第三方销售平台脱颖而出。

在未来，基金独立第三方销售平台可能突破的业务方向，如表5-3所示：

表5-3　基金独立第三方销售平台的未来方向

方向	概况
跨基金公司的份额转换	传统跨基金公司的基金产品转换需要经过产品赎回、资金到账、新基金产品认购、申购、产品份额确认等多个程序，客户在操作手续和时间方面均需付出相当高的成本。如果基金独立第三方销售平台能够利用广泛的客户群，在基金公司后台数据的支持下，以基金销售平台池所持有的产品为中转，就可以帮助客户实现跨基金公司的基金份额转换
基金赎回加急服务	向需要立即获得赎回款的基金投资者提供基金赎回加急服务，将原本更长时间才能到账的资金提升为短期赎回资金，并收取相应的加急赎回费。这样的资金池可以通过发行零风险的定向资金池理财产品等
转换服务	通过建立客户间的意向平台，在客户间撮合未到期公募基金、私募基金和信托产品之间的交换服务并收取平台服务费。基于产品久期、收益率的不同，客户持有未到期产品时会产生调整持有产品结构的需求

续表

方向	概况
从客户需求出发	在传统基金销售渠道的红海中，只有真正地从客户需求出发，打破传统业务流程，以互联网为基础，快速、高效、低成本地满足客户需求，才能真正建立起拥有独立地位和业务壁垒的独立第三方基金销售平台
深度合作	第三方销售平台如果能够和拥有广大客户资源的互联网公司通过各种方式进行深度合作，比如战略合作或者股权方式等，实现独立第三方销售平台的专业性与互联网公司的有效资源的互补，就能实现业务的跨越式发展

移动互联：开启移动网络应用平台

随着 iPhone 和 iPad（苹果平板电脑）的迅速普及，苹果公司的 APP-Store（应用商店）已经成为金融行业必须首要考虑的 APP（应用）平台。对各个金融机构来说，APPStore 已经取代传统互联网，成为广告宣传的最主要方向。虽然 APP 下载可以向用户收费，但在激烈的竞争环境中，目前国内金融机构均采用免费下载和免费使用的方式来推广，甚至对采用 APP 处理业务给予交易费用减免的优惠。

各类操作系统下的应用平台

在生活中，我们最常用的移动网络应用平台有如下几种，见表 5－4：

表 5－4　移动网络应用平台

平台	概况
苹果的APPStore	在应用商店方面，苹果的 APPStore 占据绝对优势。据统计，iPhone 用户的平均受教育程度、收入水平和移动互联网的实际应用率仍明显领先于其他平台。同时，iPhone 手机用户日均手机移动应用时间也远远多于包括安卓系统在内的其他移动平台。当然，由于 iPhone 手机的价格因素，iOS 系统的绝对用户数少于安卓系统
安卓系统	目前采用安卓系统的移动设备品牌繁多，尺寸繁多，易用性和安全性仍需提高，APP 的用户体验亦有待提高。在应用商店方面，由于安卓系统的开放性，除谷歌自身提供的 Androidmarket（安卓市场）外，仅在中国，就诞生了上百家安卓系统应用商店
Windows 系统	微软于 2012 年 6 月推出移动操作系统 Windows Phone 8，但总体而言用户群体偏少。相比较而言，其应用商店的优势在于支持收费应用的免费试用

金融机构竞相开发移动网络应用平台

在金融机构中，银行是最早、最广泛应用互联网技术进行企业宣传和为用户提供服务的。

早在 2000 年之前，中国工商银行、中国银行和招商银行就开始通过网上银行进行企业宣传并配置基础查询功能和基本账务处理功能。从 2000 年起，各主要商业银行开始将网上银行向自助银行发展，以柜面业务替代为中心，使用户足不出户就可以办理绝大多数银行业务。截至 2014 年年末，仅中国工商银行一家的网银用户数已有数亿户，已成为最重要的交易渠道和服务渠道之一。

伴随着移动网络技术的快速发展，国内各银行也纷纷推进移动互联网平台上的应用。如表 5－5 所示：

表 5－5 金融机构开发的移动网络应用平台

平台	概况
中国工商银行	中国工商银行除面对一般客户的“工行手机银行”外，还推出网络安全应用“工商银行 U 盾”、针对短信业务的“工行短信银行”、针对企业用户的“工行企业手机银行”和针对国际客户的“ICBC Mobile Banking”（工行手机银行）。目前已经支持账户管理、转账汇款、个人贷款、缴费、手机股市、基金、外汇、贵金属、理财、信用卡等各类金融服务。一般客户基本可以通过移动 APP 和 ATM（自动柜员机）办理日常生活中 90% 以上的银行服务，对于银行网点的依赖度已经大幅降低
中国建设银行	中国建设银行的特别应用包括以贵金属交易为目标的“黄金罗盘”应用、以宣传建行财富管理理念的“建行财富”和以财经资讯为主的“建行播报”
招商银行	招商银行除面对一般客户的招商银行应用外，还针对信用卡业务推出了招商银行掌上生活应用，针对企业用户推出了招商用户企业手机银行业务

除基本的个人移动网银应用外，各家银行还在各自优势领域推出一系列应用来提升业务质量。

证券交易也是移动互联网金融最早实现的服务之一，其应用主要分为软件开发商平台（同时可以支持多家券商）和证券公司平台（绝大多数是软件开发商开发的定制平台）。

目前，基于 iOS 平台和安卓平台的移动互联网证券公司交易软件基本能够支持股票交易和查询、基金开户和申赎，部分较为领先的证券公司交易软件已经可以支持报价式回购、证券公司集合理财产品交易、第三方存管支持等，但在分级基金拆分与合并、场内货币市场基金的申赎、融资融券业务等创新业务的支持方面还有待提高。

电商应用：第三方支付平台

电商与“第三方”

以支付宝推出余额宝为“标杆”，电商和第三方支付平台加入金融产品销售平台已经成为金融行业最热议的话题。每天都有大量有关电商及第三方支付平台销售金融产品的最新资讯。其中，市场关注度最高的就是以货币市场基金为实质的现金管理工具类产品。

近年来，随着电商业务的快速发展，部分电商已经不满足于实体商品的销售，而是利用广泛的客户资源和大数据分析，试水金融产品销售。其中，最受市场关注的当属阿里巴巴集团。阿里巴巴在淘宝网和天猫商城上开通的保险频道，成为车险、意外险、旅行险、健康险、少儿险和财产险的重要销售平台。此外，它还与多家保险公司合作，以理财产品的名义销售投资型保险产品。它还和光大银行联合推出“定存宝”业务，以央行允许的3个月、6个月和1年的利息上浮10%为卖点，通过积分宝激励（类似于支付宝平台的淘金币抵现金，可用于支付）方式促销。

搅动市场的“元凶”

支付宝与天弘基金合作推出的余额宝是目前搅动市场的“元凶”。其本质是货币市场基金。和其他知名基金公司的货币市场基金相比，天弘基金的货币市场基金本身的知名度和收益并无很强的竞争力。在开户和申赎方面，与基金公司自销及证券公司平台相比，它也无明显优势。对于专业投资者来说，余额宝产品并无特别的吸引力。但对“淘宝一族”等非专业投资者来说，“余额宝”产品的方便性和收益率的综合性具有决定性作用（见图5－1）。

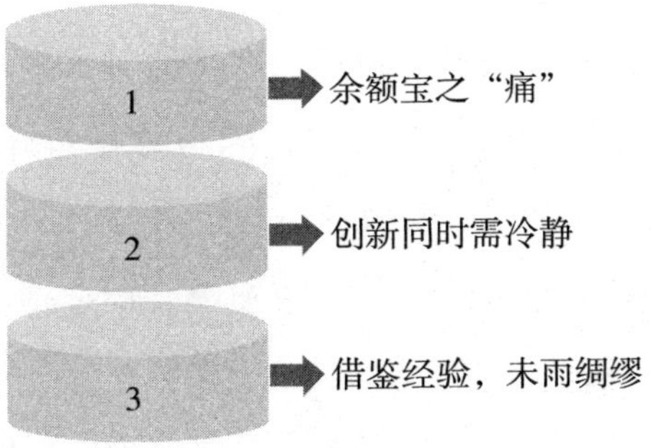

图5－1 搅动市场的“元凶”

1. 余额宝之“痛”

余额宝的诞生必然经历种种痛苦，直接原因之一就是央行出台的《第三方支付管理办法》规定，支付机构的实缴货币资本与客户备付金日均余额的比例不得低于10%。支付宝需要为大量沉淀在支付宝中的余额提升实缴货币资本，这是非常难以达成的目标。如果将这些余额作为客户购买货币市场基金产品的资金而不再计入客户备付金余额，就可以使支付宝摆脱上述规定的限制，这也是将表内资产表外化的一种方式。

但长期以来，支付宝客户余额的利差收入一直是支付宝最主要的收入来源之一。支付宝推出“余额宝”产品，虽然可以从基金公司得到最高比例的费用返还，但和利差相比，仍有相当大的差距。然而对于支付宝来说，这是革命般的创新，是期望大幅提高客户收益的方式，可以开创支付宝金融产品销售平台新局面，并大幅提升客户在支付宝平台的总余额，同时给予竞争对手强大的压力，逼迫竞争对手同样放弃利差收益。

2. 创新同时，保留一份冷静

余额宝虽然是非常创新的产品，但支付宝的“美国师傅”PayPal其实早在1999年左右就推出了类似的产品。PayPal自1998年诞生后，不到一年就推出了类似余额宝的产品——PayPal货币基金。该基金采取联结基金的方式，由巴克莱旗下公司管理。在功能方面，PayPal货币基金支持自动转入，非常方便。2007年，它达到当时的顶峰，即10亿美元规模，在美国相当于一个中等规模的货币基金，但余额宝在短期内取得了比PayPal巅峰时还要高得多的份额。事实上，PayPal货币基金已经遗憾地在2011年关闭。这给我们提供了一个警示：虽然目前余额宝及类似产品得到了市场的一致看好，市场规模飞速发展，但其同样面临着不确定性因素，需要在热情中保留一份冷静。

3. 借鉴前人经验，未雨绸缪看未来

作为货币市场基金，其成功取决于三点，即安全性、流动性和收益率。以拥有超过10年历史的PayPal货币基金为例。在诞生初期，PayPal货币基金的年化收益率曾高达5%左右，规模迅速扩大。但随着互联网泡沫的破灭，从2002年起，美国采取了一系列降低市场利率的措施。其结果是，到2004年，PayPal货币基金的年化收益率不足1.5%，PayPal公司被迫采取减免管理费的方式缓解来自客户的压力，但规模仍大幅跳水。2005~2007年，美联储采取连续加息的方式为过热的房地产市场降温，市场利率大幅提升，PayPal货币基金的收益也不断提升，最高时再次超过5%的年化收益率水平，并由此带来了份额的最高峰值。但2008年全球金融危机爆发后，美联储迅速将金融市场利率降至接近零，导致美国货币市场基金的收益率普遍不足1%。PayPal货币基金也未能幸免。收益率的下降造成持有份额的大幅下降。虽然PayPal公司和合作的基金公司都采取减免管理费的方式来应对，但也无济于事。最终在2011年，运行超过10年的PayPal货币基金宣布关闭。PayPal货币基金在安全性和流动性方面都没有问题，但最终输给了收益率。

目前来看，余额宝在安全性和流动性方面也不存在重大问题，短期内的收益率也非常好，正处于天时、地利、人和阶段。但我们有必要未雨绸缪，提前认识到，货币市场基金的收益率和流动性从整体看没有什么问题，但从长期看，仍有产生较大波动的可能。

第 6 章

网上银行：虚拟与现实的深度融合和渗透

互联网理财，小钱变大钱

对于普通收入阶层来说，最关心的问题莫过于如何让“小钱”变大钱，同时获得方便、省心的投资渠道；而对于富裕阶层来说，则是如何让财富保值、增值。两者都离不开理财规划的指引，其首要任务是解决理财规划成本及投资门槛问题。传统的解决方式要么沦为纯粹的产品推销，要么有着极高的门槛，而在“互联网 +”时代，借助互联网所带来的数字化洪流以及智能化的数据分析能力，国外基于互联网的低门槛的自动化理财规划、理财咨询平台纷纷涌现，吸引了大量客户，展现出了良好的发展前景。

互联网在线理财规划及咨询平台，既是对传统理财规划及咨询行业的革新与突破，同时又将市场延伸至传统理财规划、咨询行业无法覆盖的人群，正如互联网理财公司 PersonalCapital 的首席执行官比尔·哈里斯所说："这是我见过的最庞大的市场。美国的个人可投资资产管理市场达到 32 万亿美元，是美国全国国内生产总值的两倍以上。而且，这个市场还没有统治者出现。甚至行业巨头富达（Fidelity）和嘉信理财也只占很小的市场份额。"

根据美国的自动化理财平台提供的核心服务、目标客户以及赢利方式等，我们可以将在线理财网站大致分为工具型理财网站、交易型理财网站和建议型理财网站三大类。在分类过程中，我们主要以国外比较知名、成熟的理财网站为例进行学习与借鉴。

第一类：工具型在线理财网站

工具型理财网站通过各种新型的个人理财工具和服务吸引大量的年轻客户群，并通过产品的不断创新以及个性化服务提升客户的忠诚度。这类网站大多对用户免费，有些则收取每月 3～10 美元的费用。

一方面向用户收取工具及程序的使用费，另一方面是从交叉销售中获取收入，后者更加重要。比较有代表性的工具型理财网站包括 Mint（敏特）、Quicken（快克）和 Bundle（百盾）等。

Mint 是一个较早开展个人理财业务的网站，于 2007 年 9 月上线。公司创始人阿龙·帕策尔的初衷是推出完成人生目标的相关服务，比如说游学需要花费多少资金。然后再反向推算出需要花费多少时间及付出多少努力才能完成该目标，并制订相应的计划。但在询问过许多人之后，他发现人们需要的其实是整体的财务规划，而当时的 Quicken 以及微软的 Money 财务管理软件并不好用，由此促成了 Mint 的诞生。Mint 最核心的功能是把个人的绝大多数账户整合起来，并建立起个人相对完整的财务信息，并以此为基础提供相关的理财计划和建议等。它可以通过授权把个人所有的财务信息纳入用户所设立的账户，包括银行账户、基金、个人养老账户以及房屋贷款等，从而使用户全面了解自身的财务状况。与此同时，Mint 还提供每月收支、预算与现金流统计管理功能，帮助用户分析每个月在饮食、娱乐以及购物等方面的开支比重，以便用户制订更有针对性的省钱方案，并与其他同类型的用户进行横向对比。另外，Mint 以及用户可以根据这些信息制订相应的理财计划。贴心的功能外加简便易用的操作和免费策略，使得 Mint 网站倍受青睐，它在成立后的两年内即获得了 3 轮、共计 3200 万美元的融资。2010 年 10 月，Mint 以 1.7 亿美元的价格被著名的财捷集团（Intuit）收购。目前，它的注册用户已经超过 1000 万户。

Bundle 是一家由微软和花旗银行共同投资的公司，成立于 2009 年，专注于打理人们的消费和储蓄业务。Bundle 公司的团队主要由数据科学家、工程师和有银行工作经验的人士构成。

Bundle 通过数据等客观方式告诉用户，每一天中钱是在什么地方、被如何消费的，包括餐厅、百货商店和干洗店等。Bundle 为用户做的事情是在用户到达每个消费场所之前，用数据的方式，而不是主观的意见将这些场所的状况告知用户。

Bundle 之所以能做到这一点，是因为它拥有一种核心工具——Bundle 评分工具。它通过相应的数据源数据，比如回头客的数量、人流量和人均真实消费额，对每个商家进行统计和分析。利用这些数据，Bundle 可以分析每个场所的优劣以及是否对客户有帮助。

比如，Bundle 上给予一家位于纽约的欧洲餐厅的评分是 92 分（满分为 100 分），接近五颗星的评级。其中，受欢迎度是 100 分，客户忠诚度是 62 分。如果客户需要了解这家餐厅的情况，可以通过 Bundle 移动客户端或 Bundle 轻松查找。

第二类：交易型在线理财网站

传统的国外财富管理服务机构包括商业银行和投资银行等机构，如高盛集团、美林证券（即现在的美银美林）、摩根大通以及瑞银集团等。这些机构将复杂的金融产品和理财建议提供给那些拥有较多财富的高净值及超高净值客户。目前，全新财富管理公司的兴起在一定程度上影响了财富管理市场的运作方式，那些传统的财富管理机构正面临来自 Wealthfrom、MarketRiders 和 PersonalCapital 等新兴互联网理财机构的挑战和冲击。

这些新兴互联网理财机构运用信息技术，通过使用计算机算法、大数据等分析方法及工具来评估投资的风险及收益，帮助客户建立个性化、定制的投资组合。

富有代表性的 PersonalCapital 于 2009 年在美国加州宣告成立，其创始人比尔·哈里斯曾是 PayPal 以及财捷集团的前任首席执行官。和竞争对手 SigFig 相比，PersonalCapital 更倾向于个人的财富管理而不是把重点放在交易账户上，但两者都是利用分析工具确保用户的长期财务健康并提供相应的建议。PersonalCapital 对用户的多个账户进行集中管理，使各项金融活动变得更加清晰、明了。PersonalCapital 同时向用户提供金融建议，为用户和专业的理财顾问“牵线搭桥”。PersonalCapital 为用户提供的服务内容比 Mint 还要多，但每年收取的费用还不到用户资产的 1%。

在线上服务方面，PersonalCapital 为用户提供免费的网上财富管理工具，如今已经拥有 20 多万用户，平台上所跟踪的资金量超过 200 亿美元；在理财顾问方面，其全职的理财顾问服务于 700 多位客户，管理着 2 亿美元左右的资产。

Wealthfrom 是一家在美国证交会注册的基于软件的财务顾问公司。它和主要金融机构及私人财富经理一样，主要是向客户提供高质量的财务建议，也包括税收等方面，不同的是它是通过计算机算法的方式。它的个性化服务是周期性地对资产在 5000 美元以上的客户的账户进行充分分散化，并进行定期平衡和调整。客户的账户可以是应税账户、退休金账户等。Wealthfront 的前身是一家名为 kaChing 的社会投资网站，公司的联合创始人安迪·雷克里夫也曾是基准资本（BenchmarkCapital）的创始人之一。Wealthfront 建立了高水平的金融专家队伍，提供专业的投资管理在线服务。其投资团队由《漫步华尔街》作者、著名经济学家伯顿·马尔基尔博士领衔。在收费方面，目前 Wealthfront 对客户资产低于 1 万美元的部分不收取顾问费用，对超过 1 万美元的部分按年费用的 0.25% 征收。如果客户资产是 ETF（交易型开放式指数基金），那么平均费用在 0.17% 左右。

MotifInvesting 由微软前高管哈迪普·瓦利亚和对冲基金经理塔利克·希拉利在美国加州共同创立。与“moti”的中文意义“主题”一样，MotifInvesting 的特点是向投资者提供一种“主题式”的投资方式。这个“主题”可能是 3D 打印、生物科技、移动互联网、云计算、大数据、动画、手机游戏等一些热门和时尚的题材。MotifInvesting 帮助投资者便利地投资于某些基于概念或主题的证券组合。Motiflrwesting 把市场上涉及这些“主题”的证券打造为一个“主题”组合，即一个 Motif 供投资者选择。为了分散风险，一个 Motif 通常包括几十只证券。目前，Motifhwesting 已经建立了近 100 个 Motif，供投资者自由选择。当然，用户可以根据自己的投资理念，创建个性化的 Motif。事实上，MotifInvesting 正在颠覆基于传统的 ETF、被动管理的基金管理公司。和 ETF 相比，它的优势在于：以往真正 ETF 产品的推出往往至少需要 6 个月的时间，MotifInvesting 则提供了强大的自助式投资组合设计工具，用户可以非常方便直观地创建、修改、评估 Motif，这种 DIY 式的做法只需要几分钟便可拥有个性化的投资组合。另外，MotifInvesting 的社交网络平台是 Facebook 式的双向网络，同时也有类似 GoogleCircle（谷歌圈子）的圈子概念。通过引入社交机制，用户可以把自己的 Motif 分享给好友或者选定的圈子，大家可以共同对 Motif 进行讨论和优化。2013 年 4 月，MotifInvesting 获得由高盛领投的 2500 万美元 C 轮融资，公司累计融资额达到 5100 万美元。届时，用户们共创建了 7500 个“主题”。

第三类：建议型在线理财网站

大多数传统理财顾问机构的动机和出发点都是向客户兜售金融产品，而建议型理财网站提供的只是理财方面的建议，有些建议是基于对用户的消费和支出等行为的观察而提出的；有些是关于个人理财的理念建议，其目的是期望用户培养和建立起健康、可持续的个人理财习惯。其中，富有代表性的公司包括 LearnVest、DailyWorth 和 SigFig 等。

LearnVest 不仅提供关于个人理财的免费服务，也提供收费的个人理财规划服务。其免费服务主要包括通过提供免费的文章和工具来帮助个人了解预算和财务规划的一般个人理财概念。内容的提供者可能是 LearnVest 或经过其认可的第三方员工，LearnVest 的目的是提供财务规划的有用信息。LearnVest 同时还是一个注册的投资顾问，它通过提供收费服务来帮助用户改善个人财务状况。目前，它主要提供三种收费服务项目：

1. **预算服务**。其费用包括 89 美元的一次性入门费用和每月 19 美元的持续服务费用，服务内容包括针对每类消费支出提出相关建议，量身定制财务习惯，两次电话咨询和随时的邮件交流。

2. **5 年期财务计划服务**。其费用包括 299 美元的一次性入门费用和每月 19 美元的持续服务费用，服务内容包括由专家对你的财务决定提出相关建议，其中财务决定包括储蓄、债券、贷款、房地产、退休、保险和地产策划等方面制定个性化的财务习惯挑战目标，不受限制的电话咨询，随时的邮件交流。

3. **组合构建服务**。其费用包括 399 美元的一次性入门费用和每月 19 美元的持续服务费用。与 5 年期财务计划服务相比，其内容增加了一项专家针对个人投资和个性化资产配置提供相关建议的服务。

自从 2009 年年底上线以来，LearnVest 已经帮助了 100 多万名用户，其期望是到 2013 年年底，日均用户流量达到 40 万人。该公司为了实现业务快速发展和更好的用户体验，还对赢利模式以及网站的一些模块进行了更新。

DailyWorth 于 2009 年 1 月正式上线，是全球第一家定位于女性的理财媒体公司。DailyWorth 预计，到 2013 年年底，用户数将达到 100 万人。DailyWorth 每天会给女性订阅用户发送一封理财邮件，内容包括一些基础财务知识、资金管理以及投资方面的建议。在内容制作方面，DailyWorth 拥有自己的编辑团队，该团队主编曾经是《财经》杂志以及《纽约时报》的专栏作家。另外，DailyWorth 还与一些大型理财金融机构达成了合作，包括嘉信理财、富达等。

于 2012 年 5 月 1 日正式上线的 SigFig 走的也是免费路线，但在业务发展方向上，它主要专注于用户的投资行为。它把投资者分布在不同经纪公司的交易账户的信息归集在一起，对相关的交易账户信息进行数据分析，并提供相应的建议。通过对交易账户的图表化、形象化展示，使用户更加清晰而深刻地了解自己的交易活动。SigFig 虽然会把很多图表信息展示给用户，但其实质是告知用户目前的交易状态，真正目的是进一步向用户提供建议。目前，它每周都会自动诊断用户的投资组合，提供个性化的建议，帮助用户节约成本、提高收益。例如，定位收益不佳的投资，发现并削减隐藏的经纪费用，监测理财顾问是否多收取了费用，推荐收益更高的股票、基金等。SigFig 声称，通过投资优化，平均每年大约可以为投资者节省 5000 美元。和传统投资顾问的作用不同，SigFig 网站的模式只不过是依靠算法和工具，而不是雇用大量员工。公司坚决不推荐任何经纪人或共同基金给用户，其赢利模式是：SigFig 会亲自挑选一些对客户有受托责任的注册投资顾问，将其推荐给用户并收取一定的推荐费；当用户选择 SigFig 网站上列示的经纪公司开户时，SigFig 有时也会收取介绍费。SigFig 的初始资金来自知名的风险投资机构 DCM 以及 Facebook、PayPal，财捷集团、瑞士信贷资产管理公司等知名企业的现任或前任高管。2013 年 7 月初，SigFig 获得了 1500 万美元的 B 轮融资，此轮融资由联合广场风险投资公司和贝恩资本（BainCapitalVentures）牵头。目前，SigFig 平台上的用户资产已经达到 750 亿美元。

通过对工具型理财网站、交易型理财网站以及建议型理财网站的分析和比较，不难发现各种类型的在线理财网站具有共同特征，如表 6-1 所示：

表 6-1　在线理财网站的共同特征

特征	内容
业务充分结合	把互联网、信息技术、计算机算法等与个人理财业务充分结合，为用户提供优质的个人理财服务
市场定位清晰	市场定位非常清晰，主要面向“长尾市场”，与银行等金融机构形成错位竞争
理财方案清晰	理财方案清晰、透明，用户享有完全的知情权和选择权

续表

特征	内容
重视客户体验	理财网站的操作简单、快捷，用户不用具备过多的金融知识也可独立理财
个人理财的资产门槛低	与动辄十万、百万量级资产要求的传统理财顾问机构大相径庭
费用低廉	有些甚至免费，大部分用户都能够承受

值得一提的是传统的理财规划费用昂贵，因此美国各类在线理财规划网站旨在让更多人轻松制定理财规划，目标是为大众提供真正的理财规划服务。而互联网在线理财的确改变了很多人的生活，许多人之前并没有意识到理财规划是如此重要。

而中国互联网理财市场的发展，本身就已经落后于欧美等发达国家或地区。目前，国内已经小有规模的在线理财机构有存折网、挖财、铜板街等。由于这些在线理财机构的创始人多是技术人员出身，并不像美国理财网站那样都是由华尔街的金融从业人员建立，因此这些机构在服务的深度以及专业性方面还需要进一步观察。

网上开户，玩转证券

互联网证券是指通过互联网进行证券交易等相关活动。我们可以从两方面来理解，如表 6－2 所示：

表 6－2 互联网证券的含义

含义	内容
狭义	它包括网上开户、网上交易、网上资金收付、网上销户等四个环节，也被称为“网上证券交易”
广义	互联网证券是指通过互联网技术搭建平台，为投资者提供一套贯穿研究、交易、风险控制、账户管理等投资环节的服务方案，帮助投资者提高交易频率和效率，扩大交易品种，降低进入多品种交易及策略投资的门槛，实现了低成本、跨时点、跨区域投资

国外互联网证券：多种类型的服务经纪公司

1. 美国互联网证券经纪公司

美国互联网证券经纪公司和互联网证券业务的发展与佣金制度的改革、计算机及互联网技术的发展、分业经营的突破紧密相连。美国证券行业从 20 世纪 70 年代开始步入繁荣时期。1975 年，美国证交会颁布《有价证券修正法案》，对固定佣金制度进行改革，经纪商可以自主确定客户交易佣金率，由此涌现了一批证券折扣经纪商。他们几乎将佣金降到了全面服务经纪公司标准的一半，以赢得市场份额。随着计算机和信息技术的广泛使用，特别是 20 世纪 90 年代中期互联网技术投入商业化使用以后，证券经纪商开始将其作为一条低成本、高效率的交易渠道而大力推广。

根据美国证券经纪商提供的服务，可以将证券公司分为全面服务经纪公司和折扣经纪公司两大类型。如表 6－3 所示：

表 6-3 美国互联网证券经纪公司的两大类型

类型	内容
全面服务经纪公司	全面服务经纪公司为客户提供经纪、投行、并购重组等业务。对于经纪业务，全面服务经纪公司凭借其强大的研究背景与产品研发实力，为投资者提供各类产品与服务，包括 IPO（首次公开募股）、零息票债券、贵金属、外国债券、期货交易、抵押贷款、信用卡、保险、401(k) 计划、保证金贷款和资产管理账户等。每个公司都为投资者配备经纪人，他们为客户执行交易，对交易提出建议，并收取高额佣金(200~300 美元)
折扣经纪公司	在 1975 年美国取消固定佣金制度以后，很多研究实力不强的证券公司转型为折扣经纪公司，以廉价的佣金吸引客户。这些客户大多是受过大学教育的 45 岁左右的男性，家庭年收入在 10 万美元以上，并且拥有超过 34.3 万美元的金融资产。他们通过各种渠道了解金融市场信息，并根据自己的知识和信息自主做出投资决策。除了那些深度研究报告，他们不太需要证券公司提供研究服务。随着佣金战的不断升级，许多公司通过佣金战吸引增量客户所产生的利润被削平

2. 日本互联网证券经纪公司

日本互联网证券公司的发展始于 20 世纪 90 年代后期。在日本证券市场制度变革的同一时期，日本互联网用户及计算机的家庭普及率快速提高，互联网证券交易兴起，专业的互联网证券公司开始出现。与其他国家相比，日本开展互联网交易的一个优势在于，日本人喜欢自己研究，不喜欢面对面地与专家交换意见，投资者在网络平台上有更多独立思考的空间，所以互联网交易这一方式非常符合日本投资者的心理特点和行为习惯。

乐天证券是日本五大互联网证券公司之一，隶属于日本乐天集团。互联网金融对于电子商务公司而言是一块巨大的蛋糕，目前在全球范围内，金融做得最好的电子商务公司便是日本乐天集团。日本乐天和中国阿里巴巴一样，都是做电子商务起家，并且在本土获得了巨大成功。

乐天株式会社的成功之处有哪些呢？

优势一：积分

积分是乐天建立和打通证券与电子商务等各种不同业务之间关联、使客户实现跨领域消费的关键。乐天集团对其会员实行积分制，在乐天市场消费或者在乐天证券投资都可以获得乐天积分，这些积分又可以用来在乐天市场购物或者抵扣证券交易费用。

优势二：系统安全、稳定

作为纯互联网证券公司，系统安全、稳定与否对公司的发展有着重大影响。自 2005 年以来，乐天证券共发生了至少 43 次系统故障，其中乐天证券内部原因引发的有 24 次，外部原因引发的故障达 19 次。比如，系统无法登录，导致投资者的交易机会丧失，系统完全崩溃的状况屡屡发生，使得投资者遭受了不同程度的经济损失，也给乐天证券的品牌带来了严重的负面影响。在 2005 年 8 月 29 日和 10 月 15 日连续发生两次大规模系统瘫痪后，乐天证券被日本证券监管部门行政警告并提高了系统的安全性与稳定性。

优势三：目标定位

乐天集团对乐天证券的目标定位是成为日本排名第一的互联网证券公司，采取了收取低廉交易手续费的核心竞争策略。2009 年 7 ~ 8 月，乐天证券与排名第一的 SBI 证券展开了一场为争取最低手续费地位的价格战，在 7 月 13 日乐天证券首先宣布降价到 7 月 21 日，在短短一周时间内，两个公司相继 6 次宣布降价。最终的降价结果是两家公司的手续费标准降至同一水平，乐天证券从事日本股票交易的客户手续费最大下调幅度达 69%。

优势四：互联网金融

乐天集团先发制人，大力拓展互联网金融业务，一方面，由于互联网金融和电子商务具有天然的联系，电子商务平台以及平台上积累的大量真实的交易数据，为其拓展互联网金融业务提供了得天独厚的优势；另一方面，乐天创始人曾经在日本兴业银行以及软银投资等大型投融资机构及投资管理公司工作过。目前，乐天金融已涉及证券、信用卡、银行、保险、预付卡等领域。2012 年，乐天金融贡献营业收入 1564 亿日元，达到乐天集团总营业收入的 30% 左右。

中国互联网证券：从起步到全方位服务

中国的互联网证券交易始于 1997 年，如今正在向全方位服务阶段过渡。具体如表 6 –4 所示：

表 6 –4　处于过渡时期的中国互联网证券

过渡期	内容
2012 年 5 月	在 2012 年 5 月召开的券商创新大会上，下发的《关于证券公司开展网上开户业务的建议》一文，可以算是监管部门对证券公司开展网上开户与销户的非正式表态。该文分析了网上开户的必要性和可行性，并从技术细节上规定了网上开户的步骤。之后，中国证监会先后出台多个关于互联网经纪业务政策指引的文件，从信息技术指引到非现场开户步步推进
2012 年 12 月	中国证券业协会发布《证券公司证券营业部信息技术指引》，将证券公司营业部划分为 A、B、C 三类。其中，A 类营业部为一般传统营业部，提供现场交易服务；B 类营业部提供部分现场交易服务；C 类营业部（即“轻型营业部”）既不提供现场交易服务，也不需要配备相应的机房设备。这顺应了“互联网 +”时代证券公司业务发展的要求，有效降低了证券公司异地开拓业务的成本。在 2013 年证券公司新申请的营业部设置中，C 类占比超过 70%

续表

过渡期	内容
2013 年 7 月 15 日	中国证券登记结算公司发布了《数字证书认证业务指南（征求意见稿）》。该指南是与非现场开户相配套的技术方案，为解决网上开户认证问题提供了指引。2013 年 8 月，齐鲁证券官网发布消息称，中国证券登记结算公司已向齐鲁证券发出“数字证书服务代理资格申请及数字证书认证测试无异议函”，这表明投资者通过互联网、手机开户的权威认证工作已经完成

网上开户业务的放开可能会进一步降低佣金率，挤压证券经纪业务的佣金收入上升空间。根据我国国情，证券市场上自主投资的散户较多，网上开户的限制一旦放开，一些服务水平高、知名度较高、低佣金的证券公司将会受益，而服务水平低，特别是收取高佣金的证券公司将面临客户流失问题。

互联网证券业务的放开，将成为“互联网＋”时代，加快传统证券公司自身转型的有力推动因素，在不远的将来，还会有更多证券公司为即将到来的全面竞争做准备。

网络支付与移动支付

互联网支付

互联网支付体现为数字流转，一个互联网支付系统应当具备身份认证、数据加密、业务确认以及多边支付等功能。为实现协议的安全性，使用数字签名或数字证书对参与贸易的各方身份的有效性进行认证，是互联网支付的最基本功能。

互联网支付可以分为哪几类呢？如表 6－5 所示：

表 6－5　互联网支付的分类

分类	内容
电子支付	电子现金是一种以数据形式流通的货币，它把现金数值转换成一系列的加密数据序列，通过这些序列数表示现实中各种交易金额的币值。用户使用电子现金进行购物，需要在开展电子现金业务的银行开立账户并在账户内存钱。电子现金交易具有匿名性
银行卡支付	银行卡是指由商业银行向社会发行的具有消费信用、转账结算、存取现金等全部或部分功能的信用支付工具。银行卡支付又称为“卡基支付”，卡基支付工具包括借记卡、信用卡、储值卡
第三方支付	在“互联网＋”时代，截至目前，银行面临的最大挑战就是支付领域被非金融机构大规模入侵，且这些“入侵者”获得了金融监管机构的正式承认。这些“入侵者”叫作“第三方支付”。自 2011 年 5 月中国人民银行颁发首批第三方支付牌照（《支付业务许可证》），到 2013 年 10 月已累计有超过 250 家企业获得第三方支付牌照，业务涉及货币汇兑、互联网支付、移动电话支付、固定电话支付、数字电视支付、预付卡发行与受理以及银行卡收单等多种类型

在以上几种支付类型中，需要特别强调的是“第三方支付”。

第三方支付模式打破了银行对于线下支付的垄断，银行的垄断收益将被持续分流。第三方支付模式已经成为电子商务领域运用最广泛的支付模式，在这种模式下，支付者须在第三方支付平台开立虚拟账户，并向虚拟账户“充值”，通过支付平台将该账户中的资金划转到收款人的账户，完成支付。在“充值”过程中，支付者必须向第三方支付中介提供信用卡信息或银行账户信息，收款人可以将虚拟账户中的资金转换成银行存款。

从信用创造角度，目前互联网公司在在线支付产业链中的功能并不完备，是社会资金流动的“下游”。第三方支付的账户体系还不具备跨行资金归集、发卡、自动代收代付、取现、发放贷款等功能，相比银行的账户体系，在转账汇款、投资理财等方面的功能都有所不及。因此，尽管淘宝网的交易量已经相当于社会消费品零售总额的5%左右，但资金沉淀仅相当于存款总额的0.2%以及储蓄存款的0.5%。但是，互联网公司提供支付服务的收益绝不仅仅体现在相关的手续费收入和资金沉淀利差收入上，更重要的是，互联网公司能够深度接触到庞大的客户群，并构筑大数据的数据积累基础。

在行业创新加速的同时，如果风险控制没有跟上，创新无疑是危险的。由于第三方支付既属于互联网行业，又属于非银金融企业，造成了统一监管标准的缺失，由此导致第三方支付行业风险控制管理呈现较严重的两极分化态势。

在我国，知名的第三方支付平台，如图6-1所示：

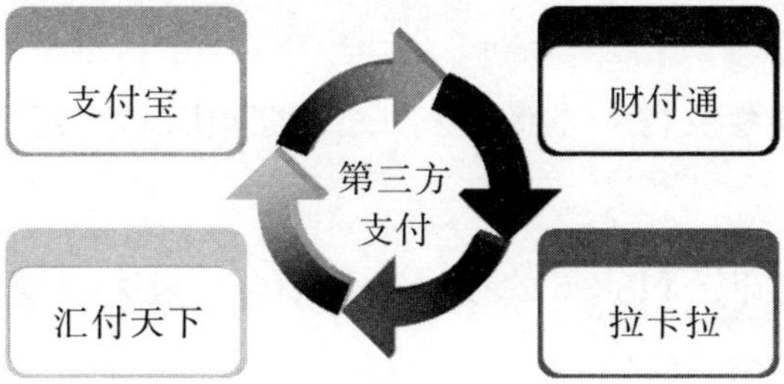

图6-1

1. 支付宝

作为国内用户数量最多、市场份额最大的第三方支付平台。支付宝的用户数早在2010年年底就已经突破5.5亿户，日交易额超过25亿元人民币，日交易量达到850万笔。2012年“双十一”活动当天，支付宝成交量超过1亿笔，2013年“双十一”当天达到1.88亿笔。除淘宝网和阿里巴巴外，支持使用支付宝交易服务的商家已经超过 46 万家，涵盖了虚拟游戏、商业服务、机票等行业。

而到了 2014 年，支付宝“双十一”交易额是多少？以下是来自“发商机网”的一组数据总结（见图 6－2）：

5分钟	20亿元	14时41分	385亿元
14分钟	50亿元	15时00分	390亿元
38分钟	100亿元	15时28分	400亿元
60分钟	122亿元	17时00分	426亿元
1时44分	150亿元	17时11分	430亿元
7时17分	200亿元	19时25分	463亿元
10时51分	300亿元	20时20分	480亿元
11时11分	308亿元	21时12分	500亿元
11时48分	323亿元	23时30分	557亿元

图 6－2

最终，2014 年支付宝“双十一”总成交额以 571 亿元落下了帷幕。

2. **财付通**

财付通是腾讯公司旗下的在线支付平台。过去主要通过与拍拍网、腾讯 QQ（即时通信软件）合作，占据了 20% 左右的线上支付市场份额。根据腾讯公司公开的计划，财付通将依托微信，有针对性地开发各种支付方式和场景，为用户在衣、食、住、用、行、乐、游等七大生活领域提供更多便利。在微信用户已突破 6 亿户的大好形势下，财付通在支付领域的未来值得期待。

3. **汇付天下**

汇付天下定位于金融支付专家。作为最早获得基金销售支付业务资格的第三方机构，汇付天下推出了一站式理财平台天天盈。该平台实名注册用户数已接近200万户，支持48家基金公司、33家银行和上千只基金申购的一站式服务。此外，它还与国内所有航空公司、京东商城、苏宁易购等达成合作，提供网上支付、POS收单、移动支付等支付服务。

4. 拉卡拉

拉卡拉作为联想控股成员企业，目前是中国最大的线下支付公司，在全国超过300个城市设置了超过7.5万台自助终端，遍布所有知名品牌便利店、商店、超市、社区店，每月为数千万人提供信用卡还款、水电煤气缴费等公共缴费服务。它还为用户提供特惠、团购、账单分期等多种增值服务，为用户创造消费价值。

移动支付

移动支付是允许用户使用其移动终端（通常是手机）对所消费的商品或服务进行支付的一种服务方式。移动支付是移动通信业务和电子货币相结合的产物，整个价值链包括移动运营商、支付服务商（比如银行、银联、第三方支付企业等）、应用提供商（公交、公用事业等）、设备提供商（终端厂商、卡片供应商、芯片提供商等）、系统集成商、商家和终端用户。它融合了移动通信技术、互联网技术、电子商务技术、金融行业相关技术等，具有非常明显的跨行业的技术特点。

1. 移动支付的特点：快捷、高效

移动支付作为一种快捷、高效的支付手段，能够克服地域、距离、网点、时间限制，极大地提高交易效率，为商家和消费者提供便利。特别是在现代支付中，小额、多笔可能会成为一种常态。在这种情况下，方便、快捷的移动支付可能演变为移动货币，从而可能对纸币和信用卡等构成最直接的革命性影响，进而影响到国家的货币流通和货币政策。不管是风靡非洲的 M－PESA，还是红遍中国的支付宝，互联网支付日益成为我们生活中不可或缺的一部分，也是互联网金融的核心之一。

2. 移动支付的类型：远程支付和近场支付

从支付类型来看，移动支付可以分为远程支付和近场支付。远程支付是指客户通过手机，基于通信网络，通过短信、SMS、WAP 等完成支付，这种类型已经相对成熟，使用也较为普遍。近场支付是指消费者在购买商品或服务时，即时通过手机在现场支付，不需要使用移动网络，而是使用 NFC（近场通信技术）、红外线、蓝牙等通道，实现与自动售货机以及 POS 机等的本地通信。近场支付带来了更便捷的支付，微信扫描二维码支付等新功能预示着收单主体将日趋多样化，但近场支付的大规模发展在许可制度壁垒、技术设备标准等方面还存在一些障碍。

运营商在移动支付发展中，以用户的手机话费账户或虚拟账户作为手机支付账户，直接从用户的话费中扣除移动支付交易费用，交易流程简便，技术成本较低，在小额支付中已经比较普遍，但是由于用户每月的手机话费和移动支付费用很难区分，应用前景比较有限。有电商背景的支付公司依靠庞大的用户群，利用手机客户端软件提供查询、交费及转账等支付服务，并提供综合结算服务，实现支付从 PC 端向移动端迁移，对终端消费人群依然具备较强的控制力。

在移动“互联网＋”时代，随着图像识别、位置服务等技术的发展，线上与线下正在融合。因此，银行对于移动支付业务的发展不仅仅是增加了一个新的业务领域，更重要的是着眼于未来市场的占领。

虽然移动支付在国内才刚刚兴起，也需要不断完善以确保其安全性、可靠性，但移动支付的发展前景值得期待。伴随着技术进步，移动支付最终将使支付市场重新洗牌，从功能应用向场景应用的转变对所有企业而言均是一项重大挑战，存活下来的将是那些高度重视用户需求和用户体验的企业。

开始做电商的银行

电子商务凭借其无空间边界、无时间限制、低运营成本等优势，成为当今企业不可或缺的营销渠道。在电子商务的发展过程中，银行完善而便捷的支付平台为交易双方顺畅完成交易提供了保障，其对电子商务的贡献和优势显而易见。

前景无限

2015年2月3日，中国互联网络信息中心（CNNIC）正式发布第35次《中国互联网络发展状况统计报告》。报告显示，我国网民使用网络购物的比例从48.9%提升至55.7%；手机团购用户规模达到1.19亿人，增长率为45.7%，手机团购的使用比例由16.3%提升至21.3%。

以下为“商务交易类应用发展”报告部分，详情见表6-6：

表6-6　“商务交易类应用发展”报告

交易类别	内容
网络购物	截至2014年12月，我国网络购物用户规模达到3.61亿人，较2013年年底增加5953万人，增长率为19.7%；我国网民使用网络购物的比例从48.9%提升至55.7%

续表

交易类别	内容
团购	截至2014年12月，我国团购用户规模达到1.73亿人，较2013年年底增加3200万人，增长率为22.7%。与2013年12月底相比，我国网民使用团购的比例从22.8%提升至26.6%。与此同时，手机团购增长迅速，引领团购市场发展。目前，手机团购用户规模达到1.19亿，增长率为45.7%，手机团购的使用比例由16.3%提升至21.3%
网上支付	截至2014年12月，我国使用网上支付的用户规模达到3.04亿人，较2013年年底增加4411万人，增长率为17.0%。与2013年12月底相比，我国网民使用网上支付的比例从42.1%提升至46.9%。与此同时，手机支付用户规模达到2.17亿人，增长率为73.2%，网民手机支付的使用比例由25.1%提升至39.0%
互联网理财	截至2014年12月，购买过互联网理财产品的网民规模达到7849万人，较2014年6月增长1465万人。在网民中使用率为12.1%，较2014年6月使用率增长2个百分点

注：数据来源自中国互联网络信息中心，简称CNNIC

其中值得一提的是旅行预订。截至2014年12月，在网上预订过机票、酒店、火车票或旅行度假产品的网民规模达到2.22亿人，较2013年年底增长4096万人，增长率为22.7%，网民使用率由29.3%提升至34.2%。在网上预订火车票、机票、酒店和旅行度假产品的网民分别占比26.6%、13.5%、13%和7.6%。与此同时，手机预订机票、酒店、火车票或旅行度假产品的用户规模达到1.34亿人，较2013年增长8865万人，增长率为194.6%，网民使用率由9.1%提升至24.1%。值得注意的是，手机在线旅行预订是移动端增长速度最快的商务应用，手机火车票预订对其用户规模增长贡献最大。

2014年在线旅行预订市场中，品牌渗透率最高的是12306火车票官网，为50.2%。去哪儿网以24.8%的渗透率位居第二位。携程网与去哪儿网的竞争呈胶着之势，以24.1%紧随其后。淘宝旅行/去啊、同程旅游和艺龙网渗透率分别为17.2%、14.7%和11.2%。其他品牌的渗透率均不到10%。

提供增值服务

银行涉足电商的另一个方式是为成熟的电商提供增值服务。

1. 招商银行VS外贸电商平台

2013年5月23日，招商银行与外贸电商平台敦煌网在深圳正式发行“敦煌网生意一卡通”联名卡，这是一张为在敦煌网从事外贸的商户量身定做的金融服务卡，集融资、结算、理财、生活于一体，专门面向小微企业主，但持卡人必须是敦煌网的注册商户。敦煌网注册的企业级用户只要拥有营业执照即可申请，个人用户近6个月内有6笔以上交易的也能申请，持卡人可以根据在敦煌网的交易记录，获得3万~150万元额度的贷款。目前的服务区域包括深圳、上海、北京、苏州和义乌等外贸电商集中的地区。

2. 平安银行VS eBay（电子湾）

2013年8月15日，平安银行与eBay（电子湾）联手推出“贷贷平安商务卡”，为eBay上的卖家提供最高额度达100万元的无抵押、无担保的信用贷款。eBay卖家授权eBay向平安银行提供自己的商品、交易流水等经营状况信息，平安银行根据这些信息对商户的经营状况和还款能力进行综合评估，根据评估结果给予商户一定的授信额度。该产品既不需要卖家提供企业银行流水和财务报表，也不需要提供任何固定资产当作抵押或提供任何形式的担保，eBay卖家只需在网上填写简单信息，到银行提交相关申请材料即可。若材料齐全，平安银行一天之内就可以放款。商户可以随时通过银行柜台、ATM、网银支取现金或者汇款转账，之后可以随时还款。利息按天计算，归还后不再计息，也没有任何手续费。

电商平台通过与银行合作，可以为平台上的客户提供优质的网络融资体验，节省交易成本，促进信息流、物流和资金流的快速运转。银行通过与电商平台的合作，采取利益分成或付费的方式购买电商平台的各种数据，可以更好地完善企业的授信信息，提高信贷业务的安全性。然而，由于数据是电商的核心，电商若轻易把数据交给银行，自身的平台作用将被大大弱化，双方找到合作共赢的模式较难，如建设银行曾尝试与淘宝合作为淘宝网的商户提供融资，但后来以分道扬镳而告终。

随着互联网企业不断在金融领域取得商业模式突破，越来越多的银行意识到互联网对金融是模式上的改造，数据的优势随着时间的积累将越来越凸显。特别是平台竞争方面显著的先发优势，以及建设银行等与平台合作不成功的尝试，促使传统的商业银行迫不及待地建立自己的平台，颇有一拥而上的架势。

建立平台

传统商业银行是如何建立自己的平台的呢？如表6－7所示：

表6－7　传统商业银行开始建立自己的平台

银行	转型
建设银行：“善融商务”	2012年6月，建设银行推出“善融商务”，以“亦商亦融，买卖轻松”为出发点，同时面向企业和个人提供电子商务服务和金融支持服务，包括企业商城、个人商城和房e通三个板块，涵盖商品批发、商品零售和房屋交易等领域，可以为客户提供信息发布、交易撮合、社区服务、在线财务管理、在线客服等服务。在金融方面，它为客户提供支付结算、托管、担保、融资等服务。公开数据显示，截至2013年6月，“善融商务”注册会员已突破150万人，交易额接近百亿元，融资规模达到数十亿元

续表

银行	转型
交通银行：“网络商城”	2012年8月，交通银行推出的新一代网络商城“交博汇”陆续向客户开放。企业馆主要是为企业或者个人提供在线供求信息发布、交流洽谈、订单达成、资信认证、网上支付等，是整合要素市场、供应链、小企业信贷的中小企业服务平台；金融馆是以网银销售金融产品为基础，扩展贵金属、保险、基金直销等，由理财专家提供实时咨询的销售和服务平台；商品馆是由交通银行电子支付商户、品牌联盟商户、新拓展优质传统企业构成，以加盟方式搭建的开放式购物平台；收付馆为交通银行客户提供功能缴费、充值、收费等金融服务，满足各类客户的日常需求
中信银行：“金融商城”	2013年3月16日，中信银行推出“金融商城”。顾客可以通过金融商城购买、赎回基金、理财产品，在线申请信用卡以及缴纳赴美签证费等。中信金融商城的产品陈列采用开架式，客户可以直接浏览，提供产品搜索引擎，可以将两到三个产品进行比对等，客户可以对每一个产品予以评论，也可查看他人的评论。每个客户注册时都可以选择一个专业在线理财师。商城提供了订单管理功能，客户可以选择多个产品放入购物车，到“结算中心”支付完成交易，采用了专业数字证书和手机动态口令安全措施保障客户资金安全

在这场关于电商的争夺战中，商业银行触“电”看似已颇具规模，但在实际运营中还面临着诸多问题。相比互联网公司而言，“银行系”电商现阶段几乎都是免费邀请客户在平台上注册、交易、结算，银行这种行为的潜台词是希望通过平台让非本行客户成为自己的客户，但在目前阶段，浏览银行电商平台的主要还是本行客户。另外，银行做金融电商也多限于本行产品，很难向其他银行开放，这一做法的逻辑出发点有悖于互联网的“开放”原则。

互联网模式的要义是尽可能零价格提供最符合市场需求的产品和服务，以求扩大市场份额，获得自然垄断优势。这里的“价格”既包括显性的产品价格，又包括便利性等隐性成本，但银行尚未完全站到客户需求的角度，因此在平台建设上存在不少与互联网模式冲突的地方。比如，银行平台采用的还都是二级域名，其链接在银行网站首页繁杂的内容中毫不起眼，这显著加大了用户的搜寻成本。

银行和互联网的企业文化完全不同，沉稳有余的银行缺乏互联网开放的创新精神以及尽一切可能探索盈利可能性的特质，激励机制也无法配套。但是，“银行系”电商拥有雄厚的资本、成熟的风险控制体系、数十年的数据积累、稳定优质的客户基础等优势。狭路相逢勇者胜，银行能否在电商“红海”中打破传统，建立全新的互联网法则，与阿里巴巴等老牌电商企业抢食甚至分庭抗礼？或许，时间会告诉我们答案。

互联网银行的未来

“互联网+”时代为商家们开放了一个全新的平台，银行的客户基础并不弱，关键是如何把客户服务从线下搬到线上，商城正逐渐成为银行吸引客户搬家的重要手段。

“财大气粗”的银行甚至直接减免了商家们的店铺租金、交易佣金、年服务费等，以此吸引更多的商家入驻其电商平台。对于消费者而言，银行电商的出现提供了同类商品更多的价格比较或者是定制特殊品类的商品等机会。

被削弱的经济地位

就现状来看，银行在互联网经济中的竞争地位已经明显不如线下经济，互联网企业仍在不断拉大对银行的竞争优势。银行最大的机会是有足够的财力参与竞争。曾经只注重为20%的人群服务的银行，通过做电商，剩余的80%也进入银行的视野和服务范围，中小企业的对公融资、个人消费贷款、助业贷款等业务陆续推出，普通民众也将在传统的金融机构里体验到“被重视、被服务”的感受，互联网的客户体验、反应速度已经被银行潜移默化地吸收。

互联网可以把单一标准化的东西以零边际成本推出，而且可以以极低的成本不断复制，未来的标准化金融产品一定是通过在线销售。阿里巴巴卖余额宝，实质是卖货币基金。金融产品的销售是银行的传统强项，但是自余额宝上线以来，所有银行的货币基金总销量还没有一个余额宝多。这就是互联网企业在金融领域采取以客户为中心的理念和精准营销法则获得的初步成果。

不能以己之短搏人之长

由于互联网经济形成初期处于无监管状态，因此互联网企业轻松跨越了各种壁垒。需要承认的是，互联网的很多创新其实是绕过了现有的监管框架，从而降低了相关成本或无须遵守某些规则。比如，小贷公司就不需要受到信贷额度管控，也不需要满足资本充足率、拨贷比等监管要求，因此相比银行贷款就形成了某种优势。不论是互联网企业从事金融，还是金融企业进入互联网领域，谋求的都是协同效应，不能以己之短搏人之长。若互联网企业打算真正从事存款业务，就必须接受银行的定位，同时承担随之而来的资本充足率、拨贷比等监管要求。

在“互联网+”时代，竞争的本质已经从单一产品的竞争变成商业生态系统的竞争，只有那些建立了开放型组织并能组织其他联盟供应商共同为客户创造价值的企业，才能成为商业生态链的核心供应商。

成为懂得“互联网+”商业规则的人

相比较而言，由于银行在新技术运用上一直保持领先地位，并不缺少懂互联网的技术人才，缺少的是懂“互联网+”时代商业规则的人才；互联网企业进军金融显然缺乏具备金融从业经验、懂金融规则、掌握金融风险管理技巧的高级人才。银行的数据团队、风险控制人员、信托或证券公司资管领域，都已经成为互联网企业“挖墙脚”的重点。相对封闭的行业体制使银行从业人员的发展路径相对单一，难以获得太多的创新机会，互联网企业则能让人感受到一股“闯”劲。与金融机构等级森严的管理架构相比，互联网企业的文化氛围更符合“开放、平等、协作、分享”的互联网精神。不断求新、求变、求发展的积极进取的氛围是互联网企业吸引金融人才的重要因素。优厚的薪水、较高的社会地位、国有金融体系里的一种身份对互联网人才也具有较大的吸引力。人才的双向流动才刚刚开始。

在“互联网+”时代进行“银行再造”

企业再造思想由美国著名管理大师迈克尔·哈默在1990年发表的《再造：不是自动化，而是重新开始》一文中首次提出。1993年，哈默与詹姆斯·钱匹合作出版的《再造企业：企业管理革命宣言》一书明确提出了企业流程再造理论。将再造思想引入银行业的是保罗·阿伦，他在1994年出版的《银行再造：存活和兴旺的蓝图》一书中，将银行再造界定为“银行为了获取在成本质量、反应速度等绩效方面的巨大改变，以流程为核心进行的根本性的再思考和彻底的再设计”。

银行再造不仅是一种技术手法，而且已经上升为一种哲学思维方式，已经扩展为对整个传统银行经营范式的再思考。

第 7 章

移动保险：互联网保险业也有“春天”

什么是互联网保险?

随着“互联网+”时代的到来，保险公司都纷纷加入互联网金融的创新浪潮中，积极开展互联网保险业务。

互联网保险是指保险公司或新型的互联网保险中介机构通过互联网为客户提供有关保险产品和服务的信息，并实现网上投保、承保等保险业务，直接完成保险产品的销售和服务，并由银行将保费划入保险公司。互联网保险并不等同于保险电子化：互联网保险强调互联网的创新精神，利用互联网技术革新服务模式、销售模式，其中包括产品开发模式、资金支付模式等的创新，而保险电子化只是单纯地把保险搬上互联网。

互联网技术推动保险公司的商业模式朝着直接化、虚拟化、电子化，甚至信息透明化的方向发展。其特点如表 7－1 所示：

表 7－1　互联网保险的特点

特点	概述
直接化	互联网没有时间限制，客户随时都可以实现自己的投保意愿。互联网上没有地理限制，在世界任何角落都可以登录网站咨询、投保、理赔等。互联网省去了代理人等中间环节，消除了传统条件下双方活动的时间、空间和规模限制，可以深入到不同年龄、不同性格的人群，接触到那些保险代理人不易联系到的人群。客户和保险公司之间的相互作用更加直接
虚拟化	企业看不到它的客户，客户也接触不到其他客户，大家都是通过互联网进行沟通；没有面对面的接触，没有支付纸币乃至金属货币，一切金融往来都是在互联网上以数字化形式进行。通过开展这类互联网保险业务，保险公司只需支付低廉的网络服务费，可免去代理人、经纪人等中介，从而在很大程度上降低保险机构的运作成本。美国的经验表明，个人保险的网上推销方式能比传统方式节约 12% 左右的成本
电子化	互联网保险采用电子保单、电子支付等方式来完成投保业务，基本上实现了无纸化交易。这样就克服了传统保险活动中书写任务繁重、保险单据保存量大且传递速度慢等缺点，不仅简化了整个流程，而且方便了相关数据的管理和开发
信息透明化	互联网保险减少了客户与保险公司之间的信息不对称。通过网上快速查询，消费者可以发现一系列保险信息，如险种介绍、保险费率、自动计算保费等。互联网保险超市更是直接为客户提供了比较不同公司类似产品的机会，客户可以根据自己的需要选择性价比最高以及最合适的保险产品

由于这些特性，互联网保险具备三大优势，分别是“成本降低”、“信息完全”和“市场扩张”。这些是互联网保险模式迅速发展起来的主要动因。具体如表7－2所示：

表7－2　互联网保险的三大优势

优势	概述
成本降低	互联网没有时间限制，客户随时都可以实现自己的投保意愿。互联网上没有地理限制，在世界任何角落都可以登录网站咨询、投保、理赔等。互联网省去了代理人等中间环节，消除了传统条件下双方活动的时间、空间和规模限制，可以深入到不同年龄、不同性格的人群，接触到那些保险代理人不易联系到的人群。客户和保险公司之间的相互作用更加直接
信息更完全	通过互联网销售保单，其经营成本极有可能大幅降低。保险公司在线直接销售保单就能省去支付给经纪人的佣金。即使通过网上代理人销售保单，保险公司支付的佣金也将节省一半。保险信息的搜寻、谈判、销售、签单等方面的费用也将大幅减少。据美国咨询机构布兹·艾伦·哈密尔顿计算，通过网络向客户出售保单或提供服务要比传统营销方式节省58%～71%的费用
市场扩张	互联网保险的直接化决定了保险公司在互联网上开展保险业务可以促使更多的人成为新保户，从而大大增添了新的营销和服务机会

从萌发到爆发，机遇与挑战并存

任何一种新事物的诞生都需要时间的洗礼。互联网保险从萌发到爆发，期间也经历了几个重要的阶段。如表7－3所示：

表 7－3　互联网保险的几个阶段

阶段	概述
萌芽阶段（1997～2000 年）	1997 年 11 月 28 日，中国保险学会和北京维信投资顾问有限公司联合成立了我国第一家保险网站——中国保险信息网（www. china－insurance. com）。同年 12 月，新华人寿公司促成的国内第一份互联网保险单标志着我国保险业迈进与互联网融合的大门
爆发阶段（2007 年至今）	中国互联网保险在 2007 年迈入高速发展时期。从行业进入角度来看，目前已经有保险公司如人保、平安、泰康等，保险专业中介如中民保险网、慧择网、优保等，互联网企业如淘宝、京东、苏宁易购等，门户网站如新浪、网易等，行业聚集类网站如携程网、磨房网等，另外还出现了产品搜索、对比与导购型发展模式如富脑袋、好险啊等

在爆发阶段，“三马”卖保险的新闻报道更是将互联网保险热潮推到一个新的高点，众说纷纭的众安在线模式将通过互联网营销和理赔责任险、保证险，这更是为互联网保险开辟了更广阔的领域。

在互联网保险发展过程中，可谓机遇与挑战并存。而中国的互联网保险业开始呈现出多元化的发展态势。国内现有保险网站模式主要包括保险公司网站、第三方保险超市网站、搭载与合作等。目前，几乎所有的保险公司都建立了自己的网站。许多保险公司的网站不仅内容丰富、更新及时，而且可以在线为顾客提供多项服务。

1. 第三方保险超市网站

随着信息技术的成熟，网上支付逐步普及，我国的第三方保险超市网站模式逐渐成熟。我国的第三方保险超市网站吸收了国外同类网站的经验，同时根据国内的市场特征进行了相应的调整。

2. **搭载与合作**

近年来，中国最红火的模式莫过于保险公司和互联网平台之间的合作了。从2012年开始，保险公司与互联网公司的合作更加深入。淘宝网与人保、平安车险、阳光、太平洋、泰康等多家保险公司合作开设保险频道，在线提供车险、意外险、旅游险、健康险、少儿险、医疗险、财产险等多款保险。这种商业模式在中国显现出惊人的营销潜力。2012年12月，国华人寿与淘宝网合作，通过网络平台销售3款万能险产品，短短4天就售出4356份，销售额突破1亿元。同年，淘宝网销售的保费收入达到9亿元。

3. **专有的保险产品**

部分保险公司开始为互联网保险设计专有的保险产品，并与其他平台合作开展在线销售。2013年3月，光大永明人寿携手网易旗下的保险销售平台网易保险，推出为互联网用户量身定制的产品“增利宝”。据该公司介绍，这款通过网易销售的产品是一款提供最低保证收益的万能型保险理财产品，主要迎合“70后”、“80后”、“90后”等网络消费主力的理财需求，5000元起售，预期年收益率达4.5%，随时可在线提现，以理财为主，兼具保障等功能。

互联网保险公司的商业模式

美国是发展互联网保险最早的国家。由于在网络技术方面的领先地位和优越的市场经济环境，美国在20世纪90年代中期就开始出现互联网保险。在美国，多数保险公司都已发展网上经营。福雷斯特研究公司的报告预测，数字化销售渠道在2015年将带来140亿美元的市场份额，这意味着11%的年均增长率。高增长率将给美国互联网保险带来大量的赢利机会。

B2C 模式

互联网保险 B2C 模式大致可分为保险公司网站、第三方保险超市网站及互联网金融超市三种形式。

1. 保险公司网站

目前，随着电子商务向金融保险领域的渗透，几乎所有的保险公司都拥有一个或多个自己的网站，这是一种典型的 B2C 电子商务模式。保险公司开设的网站旨在宣传公司产品，提供联系方式，拓展公司销售渠道。按照是否从事销售活动，可以进一步将网站细分为两类：宣传公司和产品型、网上销售产品型。

简单地对公司和产品进行介绍的“宣传公司和产品型”网站只能算是“保险电子化”，而国外近年来涌现出的对复杂、个性化保险产品的线上申请、线下跟进，却是一种利用互联网优势的良好的商业模式创新，比如对宠物险、珠宝险、艺术品险、事件险等产品的介绍。在线营销产品的模式创新不仅在于选择合适的互联网保险产品，充分利用网络渠道的优势，还在于开发专门适用于互联网的保险产品。比如，美国林肯金融集团就建立了一个名为 eAnnuity. com 的网站，提供名为 eAnnuity 的专业互联网年金产品。

2. 第三方保险超市网站

由于公司网站提供的直销服务仅限于本公司的产品，消费者无从比较，所以逐渐兴起了第三方保险超市网站。第三方保险超市也是一种典型的 B2C 电子商务模式，为保险人和客户提供了一个交易场所。众多保险人和客户在这个超市中相互接触，使保险人发现合适的客户，使投保人找到自己需要的险种。这种模式做到了以客户为中心，使客户选择权最大化。它可以提供不同保险公司的产品和价格，供客户比较和选择。

第三方保险超市网站可以细分为三类。第三方保险超市网站的数量在全球迅速增加，并积极扩张服务范围。由于市场容量有限，而且许多产品可比性差、供应商议价能力较强等因素，这类网站面临激烈的市场竞争，生存者必须在市场营销和品牌战略方面下大力气。

3. 互联网金融超市

与互联网保险超市网站相似，互联网金融超市模式也为客户提供了一个交易场所。不同的是，在这个交易场所里，客户可以享受到集储蓄、信贷、结算、投资、保险等多功能于一体的一站式服务。互联网金融超市与保险公司网站的关系犹如传统超市与专卖店的关系，银率网就是这种模式。网站提供房产房贷、贷款融资、信用卡、储蓄国债、理财产品、电子银行、黄金、外汇、保险、基金、信托等多领域的各种信息和产品。

B2B 模式

B2B 模式大致可分为互联网上风险市场和互联网风险拍卖两种形式。

1. 网上风险市场

有些网络供应商扮演了保险公司、再保险公司和一些大型企业之间经纪人的角色，它们在网站上交换个别风险或风险组合。Global Risk Mark Place 和提供巨灾风险交易的 CATEX 都是采用这种模式。Global Risk Market Place 提供全球性的风险交换服务，而 CATEX 则把巨灾风险的交易搬至虚拟网络。互联网风险市场使不同国家和地区间的商业伙伴能够不受地域、国别限制，共同分担风险，尤其是地震、洪水、泥石流、风暴等巨灾风险。

2. 互联网风险拍卖

大型公司或其他社会机构通过互联网把自身的风险“拍卖”给保险

公司。集团式购买比较适合这种方式，比如，汽车协会可以为其成员挑选一种最便宜的保障。但一些专家认为，个人保险保单也可利用这种投标方式。这种商务模式真正体现了“以客户为中心”的经营理念。这种模式的回报是节省保费，其投资比前几种模式的投资要少得多。这种模式虽然刚刚开始，但由于它关注了投保人的需求，因此具有强大的生命力。如果技术许可，比如拥有非常高效的搜索引擎或信息集合中心，能够在合理范围内节省小风险的搜索费用，从而使个人险中的个人保单也可利用这种反向拍卖方式，那么这种保险电子商务模式的前景将不可限量。

优胜劣汰的生态园

问题所在

尽管互联网保险产品的销售额急速增长，但是仍存在一些问题。如表7－4所示：

表7－4　互联网保险存在的问题

问题	介绍
网销产品同质化严重，缺乏差异性	各家保险公司的互联网保险产品大同小异。寿险公司的产品包括个人意外险、医疗健康险这两类保险的数个险种，产险公司的产品包括个人短期意外险、机动车辆险、货运险这几个类型。互联网保险产品的同质化比较严重，但是责任却是非标准化的，横向比较困难，理赔也无法标准化，因为理赔过程需要大量调查和复核工作

续表

问题	介绍
产品的附加服务没有得到挖掘	保险产品的附加服务是保险公司为客户提供的除基本保险责任外的额外服务。附加服务是一种差异化服务，能体现出保险公司的服务特色和水平，其目标是满足客户的个性化需求。保险公司可以利用自身的电子商务平台建立客户的个人信息数据库，然后通过深度数据挖掘，有针对性地为客户提供个性化服务。在中国，这样的附加价值还没有被保险公司重视和挖掘

主要特征

与传统模式不同，互联网保险的一大特色是客户导向。因此，在研究保险产品创新之前，首先应研究和分析客户购买行为。

网上顾客的购买行为主要有以下特征：

特征一：追求方便、快捷的网上购物体验。

特征二：希望了解更多的保险知识、保险公司和保险产品信息，对比不同公司的同类产品，掌握消费主动权。

特征三：消费者心理稳定性不足，转变速度快，忠诚度和稳定性较低。

特征四：主动消费倾向较强，消费具有目标性，一般表现得较理性。

特征五：重视个性化消费。

特征六：价格的影响力仍然很大。

特征七：希望方便地与保险公司保持在线沟通。

重要原则

结合互联网上的消费行为特征及互联网保险市场的自身特点，互联网保险产品的开发需要坚持以下重要原则。

1. **价格应更低，服务应更好**

保险公司应该树立与消费者共赢的思想，与消费者分享网上交易所带来的成本节约。保险电子商务可以使保险公司降低包括销售、保单管理、赔款支付以及索赔管理等在内的总成本。据统计，在个人险种的成本上能够降低15%左右，在企业险险种的成本上能够降低10%左右。因此，保险公司应该从互联网交易节约的成本中拿出一部分资金来鼓励消费者在线购买保险产品。具体措施是在价格上提供一定的优惠折扣，在服务措施等方面提供一些附加服务，比如，定期在风险管理方面为消费者提供一些建议、发放一些实用的电子小册子、在网上及时发布与消费者有关的信息、为消费者提供电子邮件服务、创建网上社区等。

2. **考虑与传统产品的相对定位**

互联网产品应该区别于传统产品，这样才可以使公司内部产品营销相辅相成，减少利益冲突。由于在相当长的一段时间内，互联网保险渠道不可能完全取代传统营销渠道，因此互联网保险产品的设计及营销不应该与传统产品重叠。事实上，保险公司应该把比较简单的短期险种放到互联网营销，其他渠道则营销比较复杂的保险产品。这样既能发挥互联网的优势，也能调动其他销售渠道的积极性。

3. **标准化程度应更高**

标准化有利于发挥电子商务的规模优势并满足消费者偏爱比较的心理需求。标准化强调的是客观、公正，核心在于明确产品的基本条款、基本责任。对于消费者来说，保险术语的标准化可以使其更好地理解保险产品和保险条款，提高选择的自由度。

4. **应满足客户的个性化需要**

互联网消费者比较注重个性化消费。目前，国内的互联网保险公司和传统保险市场上存在一个普遍的问题，即产品比较单一、保障范围不全、不能很好地满足客户的个性化需求。其中的原因包括技术因素、政策因素，但最主要的还是成本因素。不过，随着互联网保险业务的不断扩大，会出现越来越多的个性化产品和服务。

5. 产品条款应更加通俗化

目前，市场上的保险条款往往专业性过强，里面有许多晦涩难懂的专业术语，严重影响消费者的阅读与理解，并且削弱网上营销渠道的竞争力。客户可能因看不懂保险条款而放弃购买或者选择传统购买方式。除此之外，保险条款不易理解也容易给客户造成误导。保险事故发生后，双方容易就保险责任问题产生不同意见，最终影响保险公司的声誉和利益。

由于大多数传统保险产品条款复杂、定价不一，需要大量建议服务，客户很难在没有保险公司工作人员帮助的情况下完成网上投保过程，保险公司也很难实现即时自动核保。保险公司很难将网上咨询、网上投保、网上核保、网上支付、网上出单等一系列流程全部自动化。现在，很多国内保险公司还是停留在网上查询产品资料阶段，这只是简单的金融公司互联网化。然而，真正的互联网保险应该运用互联网的特点，寻找适合互联网营销的保险产品。产品复杂性高、交易金额大的保险产品，比如大额商业保险，并不适合在互联网销售。适合互联网营销的险种主要是针对个人用户的车险、意外险、医疗健康险等。这些互联网保险产品的特点是相对简单、标准化程度较高、保额较低。比如，中德安联网站提供的在线投保产品普遍低于100元。适合互联网营销的险种通常是指需要少量参数即可描述和定价的保险产品。

6. 应重视客户体验

在传统保险市场上，保险代理人会在消费者投保时提供咨询服务，促进保险交易的完成。在互联网保险市场上，保险交易能否顺利实现，与客户在进入保险公司电子商务平台后所的体验有直接关系。网络购物环境的好坏主要表现在保险公司电子商务平台的设计是否具有吸引力、交易程序设计是否便捷和合理、支付工具是否安全等方面。实践表明，在互联网保险市场上，客户往往更看重保险公司电子商务平台的方便快捷程度。

7. 推广简单的个险产品

个险产品（人身意外险、旅游险、健康险、车险等）的保险条款通俗易懂、保单标准化程度高，且保费低廉、无须核保或能够网络自动核保，与传统营销渠道没有明显冲突，因此适宜于网上直销。中国现在旅游险极为火爆。除此之外，旅游险的营销产品多半采用与航空公司的机票捆绑的营销模式，然而在欧美国家，旅游险则更为多样化。比如，申请申根签证时必须购买的旅游险能够保障整个旅途的安全，不仅包括航班延时、取消，更包括旅途中东西被盗、丢失等多种情况，有些甚至还会包括申请签证失败的保险条款，可谓千奇百怪。这些都值得我们借鉴。除此之外，我国还应该大胆开发一些创新性产品，比如国外的网络宠物保险。中国人保的e系列产品都是针对性较强、敢于创新的互联网保险产品，一些创新的财险还可以通过网上询价和后续上门服务的方式加以推广。比如在英国，消费者就可以通过互联网保险网站对各种珠宝申请购买保单，之后工作人员会跟进保单申请。

你不知道的移动保险

在国内，移动通信已经成为文化的一部分，几乎每个人都拥有手机，保险公司完全可以利用这项技术开展业务。移动用户可以用手机支付保费、获取保单信息，打电话到呼叫中心获得更多帮助。因此，我国保险公司也高度重视移动保险市场的战略发展。其主要提供以下服务项目：

服务一：信息查询

这种服务主要为用户提供最新的产品信息，解答用户疑问等。目前，已经有多家保险公司推出了自己的手机网站，比如中国平安的 wap. pingan. com、人保财险的 wap. epicc. cn、泰康人寿的 wap. taikang. com、友邦保险 wawl. aia. com. cn。登录友邦保险的手机网站，消费者可以随时随地查询友邦中国的市场资讯及产品信息，还可以使用其提供的“个税计算器”、“天气预报”等小工具。

服务二：客服管理

客户可以通过手机网站查询自己的保单情况。比如，友邦中国的现有客户可通过登录“掌上友邦”查询自己的保单情况，包括保险合同基本信息、缴费信息、尚存公司款项、个人基本信息、个人账户价值、借款信息及理赔信息等资料。

服务三：手机投保

随着大数据时代的到来，手机投保越来越被保险公司重视。近两年，我国保险公司纷纷推出手机投保业务，平安保险、人保财险、泰康人寿等均提供这项服务。手机投保往往是电脑版的简化。以人保财险的“e-都市白领”为例，其电脑版网站上的投保功能提供五档保额和保障配置，保额从4万元到6.7万元不等，保障期限也从半年到一年不等。但是在手机投保网站上，则仅剩4万元意外伤害和2000元意外医疗的基本款。显然，使用手机投保是一种更便捷的方法，但是更详细、更丰富的产品介绍和营销还往往需要进入电脑版网站。

服务四：手机理赔

近期，部分保险公司开始尝试3G理赔。所谓3G理赔，也就是利用3G手机的高网速来作为传统理赔文件传送的替代手段。在以往的理赔过程中，业务员收到投保人的理赔资料后还需要人工送至保险公司内部审核，途中要花去不少时间。而有了3G手机之后，业务员就可以将文件用手机拍照后直接传送至保险公司后台。目前，已经采用3G理赔技术的泰康保险已经可以实现最快当天予以理赔。近期新华保险也推出了基于3G技术的“移动理赔服务平台”。借助这一平台，新华保险的理赔作业效率预计将提升118%以上，大大简化了理赔流程，提高了理赔效率。

互联网的发展趋势已经进一步显现。有线互联网是互联网的早期形态，移动互联网（无线互联网）是互联网的未来。PC只是互联网的终端之一，智能手机、平板电脑已经成为重要终端，电视机、车载设备正在成为终端，冰箱、微波炉、抽油烟机、照相机甚至眼镜（比如谷歌眼镜）、智能手表都可能或已经成为泛终端。这些终端全都会通过移动互联网连接，构建服务于人类的新网络。

移动金融不只体现在保险行业，在“互联网+”时代，移动金融将随着新一次浪潮加速发展。

如果说移动互联网是“新一次浪潮”，那它就必然会颠覆传统互联网，这对未来会产生革命性的影响。移动互联网的发展规模和速度决定了革命的速度。易观智库产业数据库发布的数据显示，2012年年底国内移动互联网用户超过5亿户，而到2013年，用户规模将达到6.48亿户。随着大屏智能手机价格的逐渐下降、高速移动网络的不断优化，2014年移动互联网用户规模有可能达到8亿户。在这种大背景下，通过移动互联网，金融企业将可以导入更多的业务流量。流量可能是直接移动互联网导入的，也可能是间接导入的。流量的导入可能通过以下几个方式完成（见表7－5）：

表 7－5　流导入的方式

导入方式	内容
服务平台或 APP	服务平台或 APP 将直接移植到移动互联网的入口。入口可能包括移动设备提供商，也可能是平台 APP。在手机炒股早期，部分与移动设备提供商合作的证券公司的炒股软件被绑定在移动设备提供商平台上，通过这种方式获得业务入口。而目前更多的是通过微信等平台 APP，将自身的 APP 嫁接在它上面，便于微信用户进入其业务入口
增加移动端的服务平台	移动金融平台已经成为互联网金融发展的必不可少的一部分，如果忽视移动金融平台，将直接面临被用户抛弃的风险。很多公司已经意识到在移动平台上增加自身服务平台的重要性
品牌知名度	利用移动端提升公司品牌和知名度。移动互联网的巨大流量背后有巨大的广告和推广效应
联盟与合作	在第五次浪潮中，互联网金融或移动金融是所有大型金融机构和大型互联网公司（包括移动设备公司或移动通信公司）最终必然追求的业态，这个业态将和其他业态一起，构建一个核心的业态系统。移动互联网公司和金融机构可以共同寻找异业联盟的机会，通过快速的市场导入和良好的金融服务，为客户带来不同的金融体验

通过构建移动金融平台，我们就可以在未来的各个行业，为用户提供更好的金融体验，构建更好的金融生态。而作为金融机构，你现在要做的就是，在“互联网＋”时代，找到适合自身发展的移动金融模式。

PART 3

产业转型：下个路口，风会往哪里吹？

第 8 章 发现“互联网 +”风口下的“千亿级市场”

“电商教父”的“互联网 + 金融”野心

互联网巨头们经由阿里巴巴的触动，短时间内对互联网金融的涉足，为何动作如此之大？对互联网金融的投入，为何规模如此之巨？彼此之间的攻讦和杀伐，为何力度如此之猛？

“电商教父”何以“改变银行”

从马云扬言要“改变银行”那一刻开始，就注定了阿里金融并非只打算做个小贷公司那么简单，自 2013 年 6 月起，马云所启动的互联网金融攻略，着实令人眼花缭乱、目不暇接，先是推出中国首款互联网金融理财产品余额宝，再是 2014 年春节前通过高补贴拉开与腾讯的打车软件之战，2014 年 3 月初阿里巴巴网络银行获得筹办资格，3 月底又推出带有互联网金融众筹性质的“娱乐宝”……

短短 10 个月的时间，马云就将阿里巴巴的互联网金融触角伸向了互联网金融理财、移动互联网支付、网络银行以及互联网众筹模式等。由此，我们可以明确断定，马云对互联网金融的涉足绝不是简简单单的“玩票”，而是带领阿里巴巴进行大战略转型的开始。

马云的互联网金融野心是通过互联网的技术和功能创新，打造一个涵盖所有传统金融品种的金融超市，在马云筹划的这个金融超市里，既有信贷产品、理财产品，又有金融支付、融资担保和股权投资。

外行看热闹，内行看门道。回顾阿里巴巴近年来的互联网攻略，看似随意的撒豆成兵，实质却是有计划、有章法的运筹帷幄。

那么，阿里巴巴的“互联网 + 金融”都有哪些攻略呢?

1. **支付宝**

马云最早介入互联网金融是2004 年，该年 12 月阿里巴巴旗下的第三方支付平台“支付宝”正式成立，通过推出支付宝，一方面可以为阿里巴巴系列电商平台提供快捷支付的便利，这无论对阿里电商平台的网商，还是对阿里电商平台的亿万用户，均可以起到强大的吸附作用；另一方面支付宝不仅具有上述配套增值功能，其自身也具备赢利模式，用户通过支付宝缴纳水费、煤气费、电费、通信费等，支付宝均可从中收取一定比例的手续费。

也许 2004 年马云正式创办支付宝时，并未想到阿里巴巴未来会以支付宝为杠杆，撬动前景无比诱人的互联网金融“金矿”；也许马云早在筹办支付宝时，就已目光远大地将支付宝定位为未来阿里金融帝国中的“前锋”，只是无奈于当时金融政策的未放开，而选择暂时蓄势待发。

2. 与建行、工行合作

尽管阿里巴巴在支付宝正式创办后，一直到2010年6月8日才正式推出阿里小贷，但是，请不要忘记，早在2007年阿里巴巴就与建行和工行形成合作关系，利用阿里巴巴对逾十万家网商的静态信息管理和动态信息跟踪的先天优势，为建行和工行的中小企业信贷提供有针对性的信用评估服务。

与建行和工行的合作，进一步加深了马云对阿里电商平台跨界互联网金融的认知，自办小贷公司不仅可以更好地服务阿里电商平台的商户，更可以为阿里巴巴提供又一盈利增长点。此言不虚，在阿里巴巴自办小贷公司后，三年多的时间，截至2013年年底，阿里小贷累计投放贷款超过1600亿元，累计客户数超过65万户，尤其值得一提的是，凭借阿里自身的大数据处理能力和客户信用分析跟踪能力，在不良贷款率历来高企的小微企业贷款领域，阿里小贷的不良贷款率仍能控制在1%以下，远远低于传统商业银行的信贷不良率。

3. 收购新浪18%股份

2013年4月29日，阿里巴巴宣布，以5.86亿美元巨资收购新浪微博18%的股份，并在用户账户互通、数据交换、在线支付、网络营销等领域进行深入合作。阿里巴巴之所以如此大手笔地入股新浪微博，其意应该不仅在于新浪微博作为国内最大社交平台能够给阿里电商平台带来更大流量，而且新浪微博庞大的用户数据库，应该也是马云觊觎之物，这可以为阿里的互联网金融战略注入资源养分。

4. 收购高德地图

2013年5月，阿里巴巴耗资2.94亿美元收购高德地图28%的股份，并于半年之后（2014年2月10日），再次出资14亿美元收购高德地图剩余股份，从而使高德地图成为阿里巴巴的全资子公司。高德地图何以值得阿里巴巴前后耗费巨资14亿美元收购？高德地图是国内领先的数字地图内容、导航和位置服务解决方案提供商，阿里天价收购高德地图核心原因在于彻底打通电商数据和基础地图数据，由此完成阿里巴巴从传统互联网数据向移动互联网数据的升级，而这不仅可以助推阿里巴巴的电商业务，更为阿里巴巴深谋已久的互联网金融提供强大支撑。

5. **余额宝**

2013年6月，阿里巴巴“余额宝”正式上线。这是一款与天弘基金合作推出的互联网金融货币基金。“余额宝”的正式推出，成为马云率领阿里巴巴全力冲刺互联网金融的标志，自此经由“余额宝”引发的互联网金融异军突起，腾讯、百度、京东、苏宁易购紧随其后推出各色“宝宝们”。有人正式将2013年作为中国“互联网金融元年”载入当代经济史册。仅仅作为互联网金融货币基金的销售平台收取推广费，绝对满足不了马云志在打造互联网金融帝国的野心，于是通过兼并的方式彻底拥有基金公司，则成为顺理成章之事。2013年10月9日，天弘基金的二股东内蒙古君正发布公告，阿里巴巴拟出资控股天弘基金（51%）。

6. **担保公司**

在全力推出“余额宝”的同时，阿里巴巴其他互联网金融战线的突破也没有耽误。2013年6月底，由阿里巴巴（以及关联公司淘宝和融信）全资打造的商诚担保公司在重庆成立，马云将互联网金融触角伸向担保业，其意是在创办民营银行存在不确定因素的情况下，可以通过成立具有信用扩张功能的担保公司，放大“只能贷不能存”的阿里小贷的贷款规模。

7. **捆绑打车软件**

2013年年底，马云再次将互联网金融的疆土拓展到移动支付领域，其所用的战术是捆绑打车软件，只不过这一次遭到同样旨在进军移动支付领域的另一大互联网巨头腾讯的强烈反击。打车软件补贴战先是在北京打响，2014 年春节期间战火旋即扩散到上海、广州、深圳、杭州、南京等多个城市，快的打车（阿里巴巴产品）和滴滴打车（腾讯产品）双方的“弹药”支持，也从第一轮的 4 亿 ~5 亿元，快速增加到 10 多亿元。尽管，截至目前，我们还很难断定，打车软件补贴战最终将会由谁独领风骚，抑或阿里巴巴与腾讯最终握手言和，但无论是阿里巴巴的马云，还是腾讯的马化腾，之所以不惜巨资补贴司机和乘客，最终目的还是着眼于移动互联网支付领域，通过补贴养成用户的移动支付习惯。

8. **阿里网络银行**

2014 年 3 月 11 日，银监会正式发布新设民营银行试点名单，阿里巴巴成功入围首批十家试点企业，并领衔组建阿里网络银行。自办民营银行一直是马云梦寐以求的愿望，尽管，当下阿里网络银行尚处于筹办阶段，无法显山露水，但是，假以时日进入正式运营阶段的阿里网络银行，必将会喷发出巨大的能量，不仅将告别阿里小贷“只能贷不能存”的历史，阿里金融平台从此可以形成资金融通的自我循环功能，而且扭转当前余额宝频受狙击的现状，阿里网络银行只要进入正式运营阶段，四大行就无法再“刁难”余额宝，因为阿里网络银行完全可以自己对余额宝开展协议存款、结算等业务。

9. **娱乐宝**

2014 年 3 月 26 日，阿里巴巴“娱乐宝”上线，这可视为马云将互联网金融疆土拓展至众筹领域的标志。投资“娱乐宝”最低门槛仅需 100 元，不仅可以得到预期 7% 的年化收益率，而且还可享受探班、主场见面会等娱乐权益。阿里巴巴率先推出带有众筹色彩的理财产品“娱乐宝”，不仅可以为其未来在互联网股权融资领域积累经验，而且更可以解决阿里巴巴互联网金融的流量变现问题。因为对娱乐关注的最大群体是年轻人，而年轻人又是未来互联网金融的市场主力。

10. 控股恒生集团

2014 年 4 月，由马云绝对控股的“浙江融信”收购“恒生集闭”，以此间接控股恒生电子 20.62% 的股份成为其第一大股东。马云通过浙江融信对恒生电子的间接控股，弥补阿里传统金融 IT 产业短板的目的显露无遗，因为恒生电子的主业决定了其可以对阿里巴巴的互联网金融战略提供技术、客户、资金管理等层面的强大支撑。

回顾阿里巴巴对互联网金融的介入历史，我们可以明确感知，互联网 + 金融已经成为阿里巴巴转型的大战略，其对互联网金融介入的每一个节点均显得恰到好处，上一个节点与下一个节点之间，均能体现出步步为营、环环相扣的既大胆又严谨的布局思维。

野心成就伟大企业

马云的互联网金融梦想，从 2004 年正式成立支付宝算起迄今十多年。我们从 2013 年 4 月底阿里巴巴正式入股新浪微博算起，在这短短的一年多时间里，阿里巴巴的互联网金融触角不仅依序伸向货币基金、保险和众筹模式等领域，而且总共耗资高达 140 亿元人民币参股、全资收购了新浪微博、高德地图、天弘基金、恒生电子等。马云对互联网金融的所有涉足之处，均引起众多互联网巨头们的跟风较劲、引发传统金融机构的恐慌不断、引来全社会的广泛关注和广大民众的大声叫好。

当下阿里巴巴对互联网金融近乎全品类的渗透，但这在马云对阿里巴巴未来所设计的互联网金融大战略中，也许才是阿里巴巴战略大转型的开始，毕竟互联网金融这座“大金矿”，其所蕴含的庞大市场和丰厚利润，不仅远远大于电商市场，而且更能与阿里电商平台形成协同推进效应。

没有对新兴市场领域的野心，就无法诞生出伟大的企业，亦无法成就伟大的企业家！

对于互联网金融这座尚未开采的诱人“金矿”，不仅马云的野心寄托于此，其他互联网巨头的野心亦寄托于此，否则，我们就无法理解开篇提出的问题。

也许，在马云的心目中，他对自己的定位远远不止于“电商教父”的名头，他更注重的是“互联网+金融”的无限野心！

O2O：把用户从网络带到线下

2014年3月17日，京东商城在北京正式宣布与上海、北京、广州、温州、东莞、乌鲁木齐、哈尔滨、西安、呼和浩特、石家庄、南宁、太原、哈尔滨、大连等城市的上万家便利店进行O2O合作。

O2O，就是Online to Offline，是指将线下的商务机会与互联网结合，让互联网成为线下交易的前台。这个概念最早来源于美国。严格来说，我们把用户从线上带到线下叫作O2O，把用户从线下带到线上叫反向O2O。但是现在O2O的概念非常广泛，只要产业链中既可涉及线上，又可涉及线下，就可通称为O2O。

最早的O2O是团购网站，比如美团网，用“临时促销”的方式，把网上的用户，带到线下的店铺消费。当然，如果这些商铺愿意长期合作，这种促销可以是长久的，比如“维络城”，利用一个优惠券的APP，把用户从网上带到线下。“打折券”成了网上与线下结合的主要手段。反过来说，对很多原来一直在线下做生意的传统企业来说，线下到网上（反向O2O），更有现实意义。

最典型的例子，就是苏宁。

苏宁是“渠道为王”最典型的代表，苏宁的张近东也因为掌控了3C产品销售的渠道，而一度成为中国首富。但是，随着京东等3C产品电商平台的崛起，2013年苏宁面临了前所未有的严峻挑战。

京东作为一个纯粹的网上商城，无假货、配送快的口碑已经深入人心。所以，同样的3C商品，京东价几乎已经成为行业的标准价。超过这个价格的网上商城，必须找到充分的理由说服客户，为什么不去京东买。所以苏宁的电商平台（苏宁易购）的价格想要超过京东，非常困难。

这就倒逼苏宁面临一个严峻的问题，如果苏宁易购和苏宁门店的价格不同，苏宁门店的价格高的话，用户总是理性的，即便已经到了苏宁门店，看到了这么一个冰箱，也可能会扫一下商品标签，在苏宁易购或者京东查询到价格。如果网上的价格便宜，他们可能现场就在网上下单，然后回家去等。因为就算在现场买，大宗家电也是要单独配送到家的。

苏宁门店可能被迫要选择“线下与网上同价”，而且这个价格是以京东等电商平台的价格为标杆的。可是，门店的成本结构和网站完全不同。瞬间，所有的苏宁门店都从资产，变为了包袱。苏宁必须想办法改变。

有一段时间，有些零售商为了抵抗互联网的踢门，变本加厉地玩“信息不透明的游戏”，要求商家网上、线下提供不同代号的商品，让用户无法比价。但是所有这些“捍卫信息不对称带来的商业利益”的传统思维的顽抗，都是徒劳的。信息越来越透明，用户会很快清楚这个手段。

于是苏宁破釜沉舟，选择了“反向O2O”，要求所有的门店的3C产品，必须与网上同款同价。做出这个决定，是需要巨大的勇气的，可是，不这么做又能怎么办呢？苏宁要想做到反向O2O，关键就是在于如何让线下获取一次相同客单价的购买的成本，与线上接近。

这对所有线下的零售业，都是一个重要的启示。

C2B：让“C”参与设计

其实 C2B 并不是一个新概念，海尔很早就提出“先有市场，再有工厂”的理念。但是只有在互联网出现，并且从互联网进入“互联网 +”的阶段后，C2B 才从满足 C 的“假想需求”和“泛指需求”出发，进入从满足“个性需求”出发。

C2B，就是 Customer to Business，是指从客户的需求出发，到企业的价值创造和传递。这和传统的 B2C，形式正好相反。真正的 C2B 应该先有消费者需求产生而后有企业生产，即先有消费者提出需求，后有生产企业按需求组织生产。通常情况为消费者根据自身需求定制产品和价格，或主动参与产品设计、生产和定价，产品、价格等彰显了消费者的个性化需求，生产企业进行定制化生产。

还是从互联网化的角度来看，C2B 实际上是互联网消除了中间的“传递价值”环节不必要的损耗，提升了沟通效率后，用户地位真正的彰显。

小米的就是典型的 C2B。用户参与产品设计，增加了用户的体验度和参与感。而参与感是 C2B 的灵魂。还有另外一个例子：百度百发。

2013 年 12 月 18 日，百度百发推出第二只理财产品，号称“团结就有 8%”，8% 指的是年化收益率。12 月 18 日至 20 日用户开通百度百发，获取一个“百发码”；20 日至 22 日凭百发码购买，23 日对所有用户开放购买。预计这款产品在 3 ~4 天内瞬间收集了用户 50 亿元左右的资金。

然后，百度百发背后的嘉实债券基金拿着从用户（C）收集而来的巨款，和银行（B）去谈判。百度百发在其官网写道：100% 存银行，银行缺钱向你借 30 天，1 元享受亿万富豪存款待遇，限时限量，先到先得。

百发后端对接的基金（嘉实 1 个月理财债券 E）本期 100% 投资于银行协议存款。银行协议存款是机构法人与银行签订约定存款利率、约定期限及金额的存款业务。协议存款最低起存金额一般为人民币 3000 万元，须一次性存入，一次性支取。我们通过本基金可以集结个人投资者的小额资金，与银行谈判，获取机构才能取得的高利率存款。而且临近年底，各银行存款压力剧增，协议存款都会冲高至年度高点，我们把握时点介入，将有机会获得更高收益。

这就是典型的从 C 出发，真正地从 C 的角度看世界，让 C 作为一个群体，有了更加特殊的待遇。

如何像小米一样让 C 参与设计，像百度百发一样团结 C 的力量，是传统企业值得思考和学习的地方。这也是“互联网 +”时代消除距离之后，必将前往的目的地。

互联网思维是“+”时代的入场券

“碉堡了”的“小米加雷军”，是互联网思维的完美见证。

雷军的互联网思维表现在小米公司成长过程中的方方面面，如表 8 -1所示：

表 8 -1　小米加雷军的互联网思维

成长路径	互联网思维
成长路径一	2012 年 9 月 28 日，在用 7 个蛋糕做成的“4000000”数字前，小米科技公司总裁林斌面对众多员工的手机闪光灯，脱掉了上衣

续表

成长路径	互联网思维
成长路径二	2012 年，雷军预测他们能卖 30 万部小米手机，结果做了几个月发现两百万都扛不住。在全员会上，被一路高涨的销售数字激励得“找不着北”的林斌，又把两百万翻番，“给大家打打鸡血，400 万台，如果 400 万台我就裸奔”。立下赌约，林斌就后悔了，按照当时的销售速度，如果卖到 400 万台，恰是北京天寒地冻的 12 月，若要裸奔，其冷其囧可想而知。然而，又是出乎意料的销售神速，当年九月份，小米手机销售就超过 400 万部。在雷军等人的起哄下，林斌做了一个打了折扣的“裸奔秀”
成长路径三	2013 年 2 月 8 日，美国《财富》杂志刊登了一篇文章：《改变商业的 11 人》，小米手机创始人雷军位列其中
成长路径四	2013 年 8 月 22 日的晚上，小米董事长兼 CEO 雷军在微博上证实，小米已经完成新一轮融资，整体估值为 100 亿美元，早已超过老牌手机厂商黑莓的 75 亿美元。2013 年，小米年营收刚刚超过 300 亿元，销售手机 1870 万部
成长路径五	在中央电视台 2013 年的“年度经济人物”颁奖典礼上，雷军表示，小米在五年内超过格力，跻身千亿企业。尽管在营销出身的大牛马云与董明珠面前，工程师出身的雷军自己也承认，在口才和控场能力，简直是弱爆了，但这并未减弱小米模式的魅力，以及米粉们以“雷布斯”表达对雷军的狂热崇拜。事后雷军表示，快则三年慢则四年，小米将做成千亿企业。雷军阐释，“因素一，互联网是先进的生产力，事情做的或许不多，但效果好；因素二，处于设备智能化的‘台风口’，比如小米路由器。未来发展到冰箱、空调都是巨大的机会。”

小米火了，雷军火了。小米已经缔造了成长奇迹，而他的“快则三年慢则四年，小米将做成千亿企业”的千亿梦想，让很多要做土豪的人的玻璃心碎了一地。神一般的成长速度，神一般的创富速度。

小米，这个在互联网上发芽、抽枝并开花结果的新兴公司，恰是对互联网思维的最好诠释。

雷军把多年浸染在互联网行业里的经验告诉人们：

在互联网行业里面最最重要的就是七个字，“专注，极致，口碑，快”。我们就是用“七字诀”这种方法来做小米的。（见图 8－1）

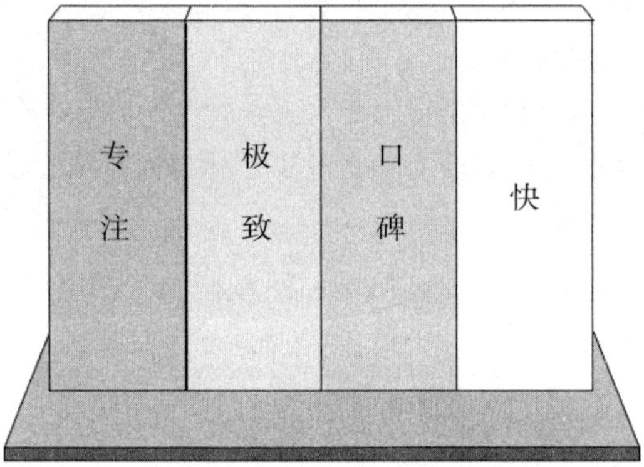

图 8－1　“雷布斯”的经验

首先我们把业务做得尽可能简单，做的时候竭尽全力，努力想怎么可以把产品做得更好，然后每天都在想怎么超越用户的预期，最后我们强调动作一定要快。我们要坚持互联网行业每周迭代，因为每周迭代就是对自己很大的冲动，你出新版本，要有什么功能，就推动你自己非常快的推陈出新。

小米有一个著名的“七字诀”，如表 8－2 所示：

表 8－2　小米的“七字诀”

要诀	介绍
专注	遵循“大道至简”的雷军，以专注、简单来集中优势活力向用户提供更为精致、更有价值的产品，从而符合物质经济时代日益挑剔的消费者的口味

续表

要诀	介绍
极致	是对用户至上的承诺。小米的极致来自于雷军招徕的豪华创业团队，扁平的组织管理；更来自于大量发烧友的参与。小米的极致，不但追求功能的极致，还注入了用户的情感、参与。小米有句经典的广告词是“为发烧而生”，专注与极致让小米聚集了一批发烧友，这批发烧友是小米的死忠
口碑	小米以高性价超出用户的预期，而小米的发烧友和普通用户则义务为小米在网络社区中摇旗呐喊。小米利用互联网的社会化媒体，在客户与客户的水平互动中，快速提高品牌知名度与美誉度。现在的消费者，不相信明星故作夸张的自我陶醉，相信的是用户的尖叫
快	是雷军对趋势的准确把握。“互联网＋”时代，人们喜好、品味的变化几乎以秒衡量，如果一个产品巷子走到黑，不懂揣摩用户对产品更高、更完美的需求，无法快速推陈出新，你可能只能占了一时的时尚高地，却赶不上趋势的大潮

雷军说：“我们说互联网思维是一针捅破天，但这一针绝对不是营销。小米成功的基石是产品，是性价比高的产品。”

雷军号召小米的同事“学习同仁堂做产品的态度，真材实料；学习海底捞的服务，超出用户预期”，这些都根植于传统商业。但雷军又紧跟时代节拍，巧妙借力互联网思维，让更多的用户参与，实施以发烧友为重点的族群营销与内容极致，成功获得了“互联网＋”时代的入场券。

消费者主权时代：需求为王

现在会有几十个、上百个同类的应用软件摆在消费者面前，消费者可以轻易地下载，不喜欢时还可以随时删掉，所以现在真正短缺的是消费者的需求。因此，大家都在研究怎么能让消费者成为自己的粉丝，真正爱上自己的品牌，怎样增强消费者的体验，怎样满足消费者的个性化需求。总之，是围绕消费者做研究。

从最初的“生产为王”，到后来的“渠道为王”，再到现在以“消费者为王”，选择权真正到了消费者手里，我们终于可以说消费者是上帝了。现在不研究消费者需求问题的商业理论都变得不重要了。类似“定位”这样指向消费者的理论，其地位会更加凸显。

满足用户需求，创造用户价值，是一切商业的根本目的。我们可以满足的用户需求，可以简单分为三个层次：功能、体验、个性。

如何根据用户需求创造真正的用户价值，才是那个终极赌局。如表8－3所示：

表8－3　根据用户需求，创造真正的用户价值

要诀	内容
功能	最容易满足的需求是功能。所谓功能就是解决了一个问题。比如，冰箱解决了一个食物保鲜的问题，洗衣机解决了一个把衣服洗干净的问题
体验	当电视机基本满足了人们收看电视节目的功能的时候，开始出现各种高清电视、3D电视等，实现更好的观看体验；当手机基本满足了人们打电话的功能后，开始出现了各种彩屏手机、触屏手机、美颜手机等。这都是在基本功能被满足的情况之下，人们的要求变成了更好的体验
个性化的需求	人们更高级的需求就是个性化的需求。换句话说，就是与众不同。我希望iPad背后能激光雕刻我的格言，希望家里的冰箱能用搭配我的装修的颜色，我甚至希望我的手机根据我的手掌大小定制屏幕长度和宽度。这些需求每个人都不一样

从功能到体验、到个性，越往上的需求越小众。“沟通效率”还不高的时候，满足功能需求，也就是基本需求，是最重要的，也是最容易实

现的。随着沟通效率的提升和信息文明的发展，体验、个性的需求将被快速了解，然后被逐步满足。

纵观商业历史，我们满足用户需求的顺序如下（见表8－4）：

表8－4 商业史上满足用户需求的顺序

出发点	内容
从“假想用户”的需求出发	任何一个时代，生产者都会明白，产品是用来满足需求的。但问题是生产者无法接触到真正的用户。所以，他们通常只能揣测用户的需求，或者通过了解周围的小部分用户，假想大部分用户的需求
从“泛指用户”的需求出发	电话、电视、广播、短信等手段的普及，让准确的用户需求调查成为可能。很多公司在生产之前都懂得要先对市场做调研，了解用户需求。但是，调查的用户未必就是将来的购买用户。调查公司用一套数学方法，推断泛指的用户需求是什么，作为生产的依据。生产者、服务者已经离用户或者“泛指用户”接近了
从“个体用户”的需求出发	“互联网＋”时代的来临，让生产者和服务者接触每一个直接的最终的消费者变为了可能。你了解的这个个体用户的需求，就是将来要购买的真实需求。你不需要通过对他的需求判断，推及别人。你生产一个他想要的东西就好了。每个人想要的都不一样，或大或小，满足“个体用户”需求是未来的大方向

随着信息文明的发展，随着互联网对距离的消除，让我们已经从假想用户的功能需求，满足了泛指用户的体验需求，并开始满足个体用户的个性需求。商业的革新，就是对用户需求了解程度的革新，更是对用户价值创造程度的革新。曾经如此，“互联网＋”时代也一样。

把握“大数据”才能抢占先机

传统企业，已经对大数据顶礼膜拜，不分行业、不分地域、不分辈分，一律向大数据看齐。

的确，大数据在互联网商业中的应用越来越频繁，如表 8-5 所示：

表 8-5　大数据在互联网商业中的常见应用

应用	内容
商品和服务的推荐系统	越来越多的互联网公司开始深度开发商品和服务的推荐系统。亚马逊公司在这一领域的表现十分突出。某国外调研公司分析师苏察瑞塔·穆尔普鲁称，在某些情况下，亚马逊网站推荐的销售转化率高达60%
精准营销	根据用户所处地理位置、时空状况、消费偏好和社交偏好等相关数据信息，为互联网的精准营销提供了可能
安全监控、情报和金融风险管理	利用在线监控、人脸识别以及通信信息可能有效识别危险人群，并建立相关的安全机制。在大数据的基础上，通过相关金融风险模型，可以为企业进行有效的风险评估，大大降低风险管理成本
数据提供	当数据成为核心生产资料后，数据平台提供商可以根据客户的需要，在法律法规允许的情况下，开放出售相关的用户数据，便于厂商做出更科学的决策
商业预测	根据大数据，我们可以有效地进行故障、人流、流量、用电量、股票市场、疾病预防、交通、食物配送、产业供需等方面的预测

续表

应用	内容
政府加强透明度和反腐	在开放政府的趋势下，政府办公流程将更加透明。奥巴马政府于2009年推出Data. gov作为实现其倡导的“开放政府”承诺的一部分。其目的是使私人领域的开发者能够利用那些政府采集但未利用的各类信息，开发应用以提供公共服务或者盈利
优化	根据用户的行为和评论等数据，可以对已经提供的服务和产品进行优化，提升用户的满意度
节能	大数据是C2B和柔性化生产最重要的支持力量之一，个性化定制可以有效缓和社会供需矛盾，大大降低生产能耗、运输能耗，减少广告浪费现象
大数据平台、分析服务和数据存储服务	大数据的发展必然催生大数据平台、分析工具、商业咨询以及数据存储服务等产业

与此同时，“互联网+”时代，“大数据”也面临着挑战。

挑战一：人才短缺

谷歌首席经济学家哈尔·瓦里安曾经说过，未来最具有魅力的职业是数据科学家。这些专家都具有一些独特的品质，包括创造力、商业头脑、解决问题的能力、创业精神、沟通能力等，而同时满足这些要求的人才非常稀缺。

麦肯锡公司的《大数据：下一个创新、竞争和生产力的前沿》指出，具备大数据高级分析技能的人才供给量，2008年为15万人，预计到2018年将翻一番，达到30万人。然而，预计届时对这类人才的需求将达到44万~49万人，这意味着将产生14万~19万人才的缺口。四五年前，对数据科学家的需求还仅限于谷歌、亚马逊等互联网公司，而现在重视数据分析的行业和企业越来越多，电商、广告业、零售业、金融业，无不在展开对人才的争夺，人才稀缺的状况也更加紧张。

挑战二：与国外的差距大

美国的部分大学已经开始成立分析学专业的研究生院，如美国著名私立大学西北大学就是其中之一。这所大学从2012年9月起就在其工程学院下成立了一个主攻大数据分析课程的研究生院，以“传授和指导将业务引向成功的技能，培养能够领导项目团队的优秀分析师”为目标，教授数学、统计学，融合尖端计算机工程学和数据分析课程的内容。课程涵盖分析领域中三种主流的方法：预测分析、描述分析（商业智能和数据挖掘）以及规范分析（优化和模拟）。其实，比专业知识和技能更重要的是大数据的思维和分析问题的思路，而这些必然要在中国企业中培养。

挑战三：组织架构和企业文化会有新挑战

能够凭借数据分析的结果和得到的信息准确地做出决策并执行的组织架构和企业文化，是企业在大数据运用方面面临的最后一个重要挑战。

扬言进军大数据的传统企业多之又多，“不识数”者却多如牛毛。强悍如海尔者，对大数据技术的应用还停留在“非洲的第三世界，进行了一些非常完美的市场调查”。至于其他企业，大数据可能更多是他们借以标榜具有技术含量的噱头。连“餐馆”湘鄂情也在全力进军大数据，很难不让人怀疑厨子也能玩转信息化？现在大数据的门槛有这么低吗？

顺应“大数据”发展

很多企业已经在对大数据的狂热中走入“为了大数据而大数据”的误区。对于大部分传统企业，大数据固然看着又好、又新、又炫，但倾其所有建立大数据，可能会拖垮企业，最后只剩下一地节操。

顺应大数据发展，一方面要借助专业的大数据公司，建立企业独有的数据库，以实现对产品设计、营销、客服以及管理等定制式的数据库。另一方面，还要善于借势，利用外部的数据库有效了解行业趋势、竞争对手以及产品口碑等。

而现在拥有大数据的互联网巨头在逐渐向外开放自己的大数据。比如百度在2014年4月就正式发布大数据引擎，将包括开放云、数据工厂、百度大脑三大组件在内的核心大数据能力开放，通过大数据引擎向外界提供大数据存储、分析及挖掘的技术能力。

一些专业大数据服务商也推出了传统企业转型适用的大数据解决方案。一家叫创联嘉和的科技公司，在大数据分析技术基础上，不仅能够帮助企业定制客户信息、洞察客户需求，还能够探测到竞争对手的舆情，让企业实时了解到行业动态与趋势。

随着智能化的到来，我们需要将大数据技术转化为商业财富，将大数据资源落地为大数据资产，即把大数据当作构建商业大厦的根基，而实现转化的所有桥梁是——有价值的数据。

数据多，不表示就是大数据。企业煞费苦心收集到的数据，并不一定有价值。

近年来，炫酷的可穿戴设备火得不能再火。苹果iWatch、JawboneUP手环等横空出世，似乎每周都有新产品发布。小资加技术狂用户无法淡定，仿佛自己的时代已经到来。可穿戴设备企业，雄心勃勃又心中窃喜：你只看到了我的炫酷，却没看到我在收集数据。

即使我知道你在收集数据又能怎样？比如智能手环的确能收集很多数据，包括你今天走了几公里，消耗了多少卡路里，心跳是多少……这些数据真的能帮助人们治疗疾病吗？医生基本上对这些数据嗤之一笑。

还有所谓智能眼镜。你戴上这副眼镜，除了闭眼睡觉之外，其余能用眼睛看到的，都能被搜集过来。如果无法对收集到的数据进行分析，无法帮助用户解决问题，这些数据就成了“垃圾”。李彦宏拨开笼罩在大数据外围的乌云，直言“数据太多”是一种误导，因为现在每天产生的很多数据是“无价值的”。即使拥有收集数据的天然优势，在技术上有多年的积累，百度仍然不能消除遗憾：收集上来的很多数据没有价值。

单个数据，即使是对单个数据的连续追踪，或许只是盲人摸到的那一块大象。但是，如果将众多数据放在一起，进行排列组合，挖掘数据相互之间的关系，说不定“拼拼凑凑”就能“凑”成一头大象。

大数据的出现，不仅刮起一场最炫技术风，也再次刷新人们的思维方式。不再纠结于对因果关系的苦思冥想，转身去探索事物间的相关关系，反而让你柳暗花明。大数据的价值，也许就藏匿于数据与数据之间的关系中。

谷歌曾经做了一个惊人实验。在不明白某个网页语言的情况下，仅仅通过看单词的排列，以及网站的分类，就知道了网页的内容。还有美国明尼苏达州的 Target 超市，从一位高中女学生的消费数据中找出 20 多种关联物，通过关联物准确预测她已经怀孕。虽然超市“贴心”邮寄婴儿尿布样品和陪奶奶粉的折扣券行为惹怒了女生的父亲，但是，大数据在美国一举成名。

分析数据，找到数据间的关联，可以挖掘到高中女生对婴儿用品的潜在需求。而通过数据关系处理，还可能给你的人际关系带来“震撼”。

腾讯推出的“QQ 圈子”，十足是一个社交潘多拉魔盒。他将你在“好友栏”中、群里、微博听众等所有的关系数据整合在一起，通过共同好友的连锁反应，为你摊开人际关系网，帮助你找到更多的社交关系连线。让一位用户汗流满面的是 QQ 圈子曾经把他的前女友，推荐给自己的未婚妻。虽然搞出了“乌龙事件”，但是，看得出你拥有多少社交关系，大数据比你了解得更清楚。

怎样把握“互联网 +”时代的“大数据”?

1. 真正让数据为你所用

企业在大数据时代的竞争，不能纯粹停留在谁的数据更多，或者“我有这种数据，你却没有”。无论大数据，还是其他任何技术，都是出自人类大脑，也是为实现特定目标而生。数据本身没有任何目的，我们被数据牵着鼻子走，只能看到他的后脑勺，而看不到它的正脸到底有多端庄。要真正让数据为你所用，就要成为数据的主人，让他跟着你走，为你服务。

2. 看清方向

一个行之有效的方式是在收集、使用大数据之前先看方向。明确具体目标后，再去设计获得何种数据、如何获得数据，采用哪种方式进行分析。

花样年在互联网思潮下声名鹊起，颠覆了传统物业管理。基于社区平台，利用大数据获取个人信用做起的“草根金融”，是花样年打造智慧社区的“重头戏”。

花样年“草根金融”的目标顾客是被银行鄙视的小额信贷。为将坏账率限制在可控范围内，花样年在 2009 年就开始搜集社区业主的日常生活数据，包括交水电费、物业管理费、停车管理费是否准时等。只要业主在小区内进行消费，都会在社区平台上留下数据。长期积累下来的业主消费数据，构成了个人信用数据，也成为花样年判断是否借贷的主要依据。

符合花样年借贷标准的客户，只要提交简单的证明，就可贷到款。有目标的大数据收集既能避免产生垃圾数据，也能帮助你有效实现目标。

3. 虽然名为大数据，大数据却不是越大越好

李彦宏认为，企业在大数据运用上更是不应操之过急。与其抱着堆积成山的垃圾数据不放手，倒不如通过搜集新型数据即“慢数据”来获取你想要的东西。

就像一位懂得互联网的中医。他可能通过半年甚至一年的数据跟踪，研究出一些指标，然后进行匹配，发现哪些病与哪些指标相关。在未来，通过对一个人相关指标的记录跟踪，也能够提前预知到他的健康状况。比如你每天在刷牙时，收集每天的唾液，然后对唾液进行检测。持续半年，可能就会知道自己是否可能会患上癌症。

慢数据是一种更基于个人信息的数据挖掘和预测，是真正有价值的大数据。在这方面，拥有庞杂数据，且习惯把所有数据一股脑都搜进来的互联网企业，似乎并不比传统企业更占上风。此前没有数据意识，没有养成不良数据收集习惯的传统企业，反而拥有了收集慢数据的优势。只不过，即使慢数据的收集和运用，也不能凭借在纸上写写画画就能实现，仍然不能摆脱互联网的使用。

大数据时代来临，给各行各业带来了根本性变革，让人们看到了大数据带来的机会。在信息高速流动的“互联网+”时代，无论传统企业，还是互联网企业，在拥抱大数据为用户提供个性化产品或服务时，更要凭借自身专业的知识和经验，对数据进行冷静而深入的筛选，才能挖掘到真正对用户有价值的数据。

4. 大数据是一种思维、一种文化、一种理念

大数据不仅仅代表一种技术，更重要的是还代表一种思维、一种文化、一种理念。我们是否会思考以下问题：

（1）我们是否有必要记录我们自身所发生的一切？

（2）大数据真的会影响我们日常生活的方方面面吗？

（3）你是否主张合法开放和共享数据资源？

（4）我们是否认为大数据是未来的核心资产，大数据的收集是一项非常重要而且日常的工作？

（5）我们是否有合法使用大数据的意识，而不是为了商业目的而不择手段？

（6）我们是否考虑为大数据建章立制，甚至出台一部专门的法律？

（7）保护大数据是不是我们每个人的职责？

（8）我们是否足够重视大数据相关的隐私保护？

（9）你是否会授权别人使用你的数据？

（10）你是否会因为自身数据被泄露而打官司，以维护你的合法权益？

（11）你是否认为数据的泄露可能会改变很多人的命运？

（12）我们的未来经营是否和大数据密不可分？

（13）我们的决策是否依赖于大数据分析？

（14）未来战略的实施与成败是否依赖于大数据？

（15）大数据的分析工具能否更好地帮助我们找到问题、解决问题？

（16）大数据的分析结果是否与我们的直觉一致？

云计算在互联网金融中的价值

在互联网金融蓬勃发展的当下，各金融机构争相拓展互联网业务，而目前开展互联网金融服务的最大“瓶颈”在于信息技术基础设施建设。互联网金融不仅要求金融机构的互联网服务平台具备很强的数据处理能力，同时对系统稳定性、架构灵活性、数据安全性、业务扩展性等方面也提出了很高的要求。一整套基础设施的建立需要耗费巨大的人力、财力和物力，而且建设周期长、业务变化快的特点更增加了最初系统架构的设计难度，这令许多寄希望于依靠互联网金融获得快速发展的中小金融机构望而却步。通过云端提供的服务支持，中小金融机构可以直接购买云端的基础设施服务，迅速开展业务。

互联网金融的云计算（或称金融云）是利用云计算的模型构成原理，将各金融机构的信息系统架构转移到端；或是利用互联网实现数据中心互联互通，形成高效的数据共享机制；抑或是利用云计算服务提供商的云网络，将金融产品、新闻、服务发布到云网络中，提升企业整体工作效率，优化业务流程，降低运营成本，为客户提供更便捷的金融服务。

从全球范围看，云计算对互联网金融行业有很大的影响。如表 8 - 6 所示：

表 8 - 6　云计算对互联网金融行业的影响

影响	内容
客户服务	互联网金融机构的客户以年轻客户为主，因此对信息服务的响应速度、信息载体的多样性等方面都提出了更高的要求。为了应对新兴网络群体提出的新要求，互联网金融机构渴望其业务终端能向移动化、智能化、轻便化和个性化等方向发展，对于云服务的需求也应运而生
市场竞争	互联网服务供应商、电信运营商以及第三方支付公司都可以通过云模式降低业务成本，提供价格更优惠的服务。这势必会对传统的服务模式形成冲击，加剧市场竞争
金融监管	云计算作为一项新的业务模式，势必会带来许多监管盲区。如何在享受云服务带来的各种福利的同时防范可能的风险，将是监管层必须考虑和重视的问题

此外，云计算对互联网金融行业的价值也不容忽视。

1. **增强数据的存储能力和可靠性**

云计算具有内部高度冗余和可靠的特性。一方面，云中部署的大量不同类型的存储设备通过软件整合可以提供强大的存储能力，满足金融业的大数据存储需求；另一方面，云计算可以提高数据的可访问性。如果云中的某台服务器无法正常工作，系统会在很短的时间内把备份数据拷贝到云中的其他服务器上，并完成服务器的切换工作，更好地解决金融灾备问题。

2. **提高数据处理能力**

云计算服务可以大幅提高金融企业的数据分析能力和数据处理能力。目前许多银行在共享、整合、存储和分析大规模数据方面存在问题，而数据分析工具的运算处理能力在庞大的客户数据面前也显得捉襟见肘。同样的问题也困扰着证券公司、保险公司等其他金融机构。云计算正好为这个问题提供了解决方案。云计算技术可以大幅提升金融机构的数据分析处理能力，使金融机构实现高速的数据存储、处理与分析，并从海量数据中提取出有价值的信息，为机构进行商业决策提供支持。

3. **优化资源配置**

云计算需要用虚拟化技术把资源切割为更小的、可以更好调度的资源单位，以达到调度过程中充分利用硬件资源的目的，从而使金融业信息共享速度得到加快、服务质量得到提高、资源配置得到优化、企业运营效率得到显著提升。在证券和保险领域，云计算技术除了应用于交易所和保险公司的交易平台之外，还可以广泛用于开发面向机构和个人用户的各类咨询、服务平台和应用软件。

4. **降低经营成本，提高运营效率**

降低成本开销是云计算的主要优势之一。该成本包含人力资源及各种设备支出成本。随着金融机构业务的不断发展，业务覆盖的地区会逐步扩张，分支机构会不断增多。因此，企业就不得不花费大量资金购买数量众多的计算机设备，造成运营成本急剧上升，与之相应的是用于构建与运维这些基础设施的人力成本也将随之提高。如果采用云计算技术，前端业务依托后端基于云平台的分析和运算，将大幅提高运营效率。云计算强大的计算能力和庞大的存储空间能够更加快速地更新数据，更加全面地记录信息，而且数据和计算都得到云背后的专业团队的安全保护，节省了大量的时间、空间、资金、人力和能源。此外，云计算还解决了硬件、软件的兼容问题。

5. 增加灵活性，提升客户体验

云计算提供了全新的服务部署方式，使金融机构能够根据业务需求，快速调度和配置所需要的资源。在第三方平台的资金结算体系，云计算也被大量运用，用户通过云计算获得了实时、快捷的支付体验。云计算能够提供24小时不间断的银行服务。该服务并不局限于普通的网络银行的功能，它还可以使各金融领域的专家连接到任何分支机构，作为高级顾问回答任何关于产品和服务的问题，帮助金融机构了解客户的喜好从而留住客户并吸引新客户。

专注不是固执己见

谁来决定企业专注的方向，判断专注的正确与否？首先，我们确定的是，这不会是创始人或企业家本人一厢情愿地坚持。这样的坚持叫固执，不是专注。

有一个关于“博雅失败的故事”。

博雅互动创始人张伟在前后任职金山网络和三九健康网之后，辞职创业，创立博雅互动，专注做聊天工具。在此后的8年里，他一直视腾讯为竞争对手，“死磕”聊天工具，却始终没有苦尽甘来，获得专注者该获得的回报。

开始之初，与腾讯同样做聊天软件，马化腾将工具直接提供给用户，张伟的模式却是销售给网站。腾讯转向做QQ，且越做越大，而博雅互动却日落西山——团队人数增长，收入却在减少，公司盈利难以为继。

很多人劝张伟放弃做聊天室，张伟却仍然坚持自己的选择：“自己确实渴望能把这个产品做成功。”即使在投资人周鸿祎和戴志康“只要拧一下方向”的点拨下，很长一段时间，他还是一门心思想着“怎么把聊天室的产品”做起来。他先做了一个基于Discuz！的聊天室，做了一大半之后，发现从用户量和收入上看，都并不成功。2007年，Facebook发展势如破竹，带来社交网络的狂飙猛进。张伟将聊天室搬到Facebook上，效果仍然不佳。

张伟后来反思，如果要写一个“博雅失败的1001个故事”，自己最大的失败就是，固执地抱着聊天室产品不放：“我那时就是觉得这个事儿符合我的理想，就是要把它做成功。而我忽略了赚钱得有足够多的用户，能产生价值才算是成功了啊！”

企业家专注于自己的理想，无可厚非，但可怕的是，你的理想不是用户的理想。用户不愿意为你的理想买单，你的专注也就无济于事。

在投资人的劝说下，张伟最终放弃了社交产品概念，选择了棋牌游戏里貌似距离中国市场最远的一款——德州扑克，并且专注做棋牌游戏，将其他非棋牌游戏全砍掉："那时我们已经做了 3 年的棋牌游戏，发现这类游戏其实生命周期是很长的，很难过时。我们坚信这类游戏是可以坚守和专注去做的，这是真正具有长期投资价值的。"

2013 年博雅互动招股文件显示，公司拥有累计注册玩家数达到了 3.50 亿家，包括网页游戏的 2.49 亿家和移动游戏的 1.01 亿家，分布在 100 多个国家和地区。公司的收益全部来自向付费玩家销售游戏虚拟物品，包括虚拟代币及其他虚拟物品。

凭借这款游戏，张伟和博雅互动一路高歌猛进，完成了从屌丝到土豪的逆袭。在 2013 年 11 月初香港联交所上市当日，获近 7.7 万人认购，冻资 868 亿港币，成为香港新股当年的"冻资王"。

还有一个案例是垂直搜索被迫转型的。

> 2011 年，在一个名为"爱搜啥"的垂直搜索导航中，垂直搜索一片萧条：超过七成的垂直搜索已濒临死亡或者被迫转型，如视频搜索雷搜、食谱搜索可口网、爱搜车、搜职网等。此前专做火车票搜索的酷讯和论坛搜索奇虎也都早已转型。
>
> 据艾瑞咨询数据显示，2011 年第一季度，所有垂直搜索的市场份额总和在总搜索份额中的占比低于 0.4%，同比下降 55%。

诚如李彦宏所说，垂直搜索面临的最大挑战，就是用户习惯。

中国用户对于垂直搜索引擎缺乏概念，更谈不上养成使用习惯。尽管在 2011 年百度以 3.06 亿美元战略投资，成为去哪儿网的第一大股东，也并不能说明李彦宏对垂直搜索刮目相看。毕竟，去哪儿网不是简单的垂直搜索，更多是为电商导购服务。

"其实，多元化只是百度的一种尝试，我们要做什么，不是憋在办公室里想出来的，而是根据市场和用户的需求去做的”，李彦宏说，“这么多年来，百度一直把70%的资源投入到核心搜索业务当中。百度依然只是搜索引擎。我们从来没有想过要在其他所有的领域内成为领导者，任何多元化的尝试都没有要取代谁的野心。”

与能够在自己仓库里看到拖把的陈年相比，小米创始人雷军也讲究大道至简，只为发烧友服务。“我们只是服务特定的客户群体，我们不要那么贪婪。因为只有你不那么贪婪，你才会很专注地做一两件事情，只有专注你才能真正把这个事情做好，中国的商业社会不是缺产品，是缺好产品。”

专注不是固执己见。在“互联网＋”时代，企业的专注，与其说专注于某一领域，倒不如说专注于用户需求。

扁平化：行动快于改变

何为扁平化？

扁平化管理是企业为解决层级结构的组织形式在现代环境下面临的难题而实施的一种管理模式。

伦敦商学院教授加里·哈默尔认为，只有拥有扁平化组织、行动快于改变的公司才能拥有未来。“互联网＋”时代讲求开放、分享和协作，在企业组织外部如此，在组织内部也是如此。对企业来说，组织结构扁平化，以小团队的形式进行企业运营，不设KPI（绩效考核）、尽可能减少等级，才能够最大程度释放员工的积极性和创造性，将产品做到极致。

小米与百度的扁平化

在小米公司内部，组织架构只有三级：七位核心创始人、部门 leader、员工。除了七位创始人有职位外，其他人都是工程师，没有职位。而且，每个团队不会太大，稍微大一些，就会被拆分为小团队。这种扁平化的设置基于相信优秀的人本身就有很强的驱动力和自我管理的能力，既减少了层级间因互相汇报而浪费的时间，又对用户需求做出快速反应。

2012 年，李彦宏在内部邮件中就提出：百度必须鼓励狼性文化、迎接移动“互联网 +”时代的变化、保持小团队精神。

李彦宏曾经这样描述百度的扁平化：

> “我们的企业文化非常开放自由，这才能让大家把创造力发挥出来，所以你问十个百度的员工，‘你们几点上班?’他们可能给你十个不一样的答案，我们没有规定过几点上班，他们会觉得我在这，可以自己发挥，没有受到那么多限制。你到百度去看的话，他的房顶盖得很高，但是每个人的工位并不大，而且是敞开式的，一旦站起来的话，我可以跟很多人来进行交流对话，我们的会议室也不是特别多，我们有一个个的小圆桌，一旦想要进行讨论，两个人三个人就可以形成讨论。”

对于扁平化组织发挥的作用，李彦宏也看得很清楚：

> “公司里上下级的关系，其实你很难看出来，非常不明显，这样能够鼓励大家更加畅所欲言。绝大多数的创新都不是一个人关在屋子里，就能搞出来。现在的创新全部都要很多人一起合作来完成。要不断地去讨论，不断地修改，纠正自己的观点

和意见。”

扁平化岂止涉及公司上下级关系。在初创公司中，联合创始人之间的关系，也决定着公司的走向。一家初创公司草草倒下或效率难以提升，30% 的原因是创始人之间的“打架”。一家已经被估值到 5000 万元的微洗衣店，却爆发了严重的内讧，以致一夜解体。

比较靠谱的创始人关系，应该是这样：相互非常信任、互相钦佩、知识结构互补、都坚定认为做的东西有前景。关于股份，最好是有一个人控股，在遇到重大决策时，能够最快拍板。打破创始人之间的隔阂，才能够集中精力“应对”上下级关系。

在稀缺经济的影响下，传统企业进行粗放式经营。企业和员工加班加点，却出力不讨好。管理学家德鲁克一语道破传统企业中科学管理思想的弊病。科学管理针对的对象是体力劳动者，它通过对任务的分解将工人的劳动简化为一套标准的动作，可以提升工作效率。

问题是，“互联网 +”时代，企业员工已经不再是从事体力劳动的工人，而是一个有想法的“知识工作者”。对一个流水线上的工人来说，“要提高体力劳动者的生产率，我们只需要告诉他们如何干活”就可以。但是，对于一个知识工作者，你的任务可没那么简单。你能不能清楚回答“任务是什么？”这个基本问题？关于他们的工作质量，你又如何来判断？即便你能够丢给员工一个笼统的任务目标，请问是否有办法将目标分解成一个个可以考量的具体动作？你能做的是尽量明确员工的责任，却无法代替他本人完成自我管理。

“互联网 +”时代，员工不再是流水线上、没有主观能动性的纯粹工人，如果继续沿用原有管理方式，可能将企业送入“博物馆”。一度是科技和时尚结合为象征的索尼，在 2014 年流传出最多的消息，似乎不是

“亏损”，就是“还债”。时过境迁，令人敬仰的索尼，现在俨然成了被人可怜的“老者”。神一样的公司倒下，不但因为缺乏对用户的关注，而且因为管理上的“不识时务”。

索尼的难题

2006年，前索尼常务董事天外伺郎发表文章，认为KPI（绩效考核）是摧毁索尼的元凶。在文中，这位索尼元老表示了对井深大和盛田昭夫时代的“激情集团”的怀念。在他看来，管理人员的用途之一，就是要能开启技术开发人员心中的马达，让他们变成为技术献身的“狂人”。但是，现在索尼内部实行的绩效主义，表面看起来像放在一堆饿狼面前的一块肥肉，能督促员工玩命干，能最大限度地提高效率，玩命却只限于为“拿到更多报酬”，员工并不是发自内心地主动去做。不是自己主动做，如何能激发最大的潜能？

> 46岁就当上索尼公司董事的天外伺郎，对传统的日本管理模式颇有研究。当天外伺郎刚进索尼时，曾经和井深大进行过激烈的争论。井深大对天外伺郎这个新人，没有采取高压态度，而是尊重他的意见。他把索尼创办人之一井深大等人的经营模式称为“长老型经营”。长老，顾名思义就是德高望重的人。身为公司的最高领导人，长老有权威，又能奖罚分明，不会一意孤行，将公司全体员工拧成一股绳，号召他们群情激昂、斗志满满地朝着目标迈进。
>
> “经营之圣”稻盛和夫在井深大的邀请下，共同经营索尼，两人在管理理念上也志同道合：在统一思想的前提下，向员工诠释积极工作对人生具有的重大意义，让员工忘我地投入工作。

这种类似于宗教体验的管理理念是不是有些耳熟？乔布斯玩的不就是这一套？精神的力量确实很炫，能够激发员工的潜力和正能量。不过，客观来说，实施起来难度确实也挺大。尤其在个人主义盛行的今天，如果没有像井深大、稻盛和夫、乔布斯这样具有感召力的偶像级领导人物，“精神管理”模式恐怕难以传承，更无法复制。这也就是为什么至今索尼还没有找到合适的经营者的原因。

今天索尼遇到的难题，不仅仅是管理者不再有激情，即便是管理者能够想方设法为员工洗脑，然后号召大家拧成一股绳，但问题是：大家要去向哪里？如何再去创新？

“互联网 +”时代的发展快速又多变，追求完美、提前布局的日本式思维方式，即使对制造过程的流程控制和管理能力再卓越，无奈游戏规则已经发生天翻地覆的变化。万科郁亮虽然长期身处房地产这个传统产业，却深刻感知到时代变化的迅速：“工业时代盛行的战略规划并不适应当前的形势，更赞赏野蛮生长的人生与企业。”

在扁平化的世界，任何中央集权的管理方式，即使是索尼的精益生产等管理手段，也不再是企业经营的主导。《华尔街日报》曾这样批评索尼：“索尼的核心问题在于许多让索尼手足无措的新兴产品都需要不同的技术，如硬件、软件、内容及服务。这些技术在索尼内部都是受到严密保护的部门，而要让部门一起合作获取跨领域的成果非常难。”

不是所有的传统企业，都像索尼一样动作迟缓。从家电制造企业到一家具有互联网思维的企业，海尔正在张瑞敏的领导下进行一场“互联网 +”时代的大迁徙。

对于“互联网 +”对传统企业管理模式的冲击，张瑞敏看得很清楚：“传统企业跟传统媒体一样，要改造成一个适应互联网的机制非常困难。互联网的冲击不只是电商、互联网营销等，它还将带来非常深层次的冲击。我觉得冲击到最后，整个社会都会变成自组织（即自动生成组织）。”

在互联网的冲击下，海尔提出了“管理无边界，企业无领导”。实现“管理无边界，企业无领导”的前提是企业变成了自组织，即平台。在这个平台上，如果哪位员工有创意，能找到用户，就可以自己创业。海尔的三位青年员工，通过对游戏发烧友的分析，做出一款笔记本中的游戏本——“雷神”。骨灰发烧友体验到“雷神”的极致画面和体验，将其定义为“游戏神器”。仅仅半年的时间，“雷神”就已经跻身游戏本行业前列。

波士顿咨询公司董事会主席卡尔·W. 斯特恩曾在《在创造性破坏中领跑》一文中说：“我们一度认为，如果能够长期在市场中占据主导份额，就可以获得成功。然而在今天的市场上，这不再是金科玉律。随着市场变化的节奏越来越快，按照长期优势规则出牌的人将在竞争中失利。我们必须不断革新业务内容和运作方式。”

“互联网+”时代，长幼不分，不乏后辈将前辈挑下马的先例。传统企业的大佬们，如果要生产极致的产品，就要懂得消灭权威和命令，以“互联网+”思维改造企业组织结构、企业管理方式。这才是企业生存的根基。

做出简单且优秀的产品

肯·西格尔对抱有幻想的人当头一棒：“‘简洁’的方法往往并不简单，为了做到这一点，人们反而要花更多的时间、金钱和精力。”越是看似简单的产品设计，越不是简简单单、轻轻松松就能搞定的。

李彦宏了解简单之不易：“为了让产品做到简单可依赖，管理者必须让自己成为‘非常疯狂的用户’，能够从普通用户角度来看待产品，并且有更高的眼光。”2009 年推出的“框计算”，是百度对简单精神的深度诠释。用李彦宏的话说则是“打开电脑，电脑的屏幕中心只有一个框，把需求告诉这个框，就可以获得满意的答案。不需要学习一个新的操作系统，不需要有各种各样复杂的语法”。

互联网内容之丰富犹如滔滔江水。百度发现，用户对于互联网和搜索的需求更加直接精准。比如，当用户搜索“天气”时，搜索结果可能是全国各地的天气状况，但是人们只想了解当地的天气状况。“框计算”具有神奇的化复杂为简单的能力——用户只要在“百度框”中输入服务需求，系统就能明确识别这种需求，并将该需求分配给最优的内容资源或应用提供商处理，最终精准高效地返回给用户相匹配的结果。如在百度搜索“天气”时，用户无须输入自己所处的地点，百度系统的后台可以智能地导航，自动提供与用户地点匹配的天气状况。

具有彪悍筛选功能的“框计算”，即使对于技术日趋成熟的行业大佬——百度，依然是一个浩大工程。李彦宏回忆：“百度的搜索框，从 2001 年 9 月 20 日百度首次对外提供服务到现在一直没有变过，所以，大家会感到非常熟悉。但是这 8 年间，外面的世界却发生了非常非常大的变化，可以说是沧桑剧变，中国互联网从一千多万网民发展到现在三亿多网民。与此同时，这个搜索框的背后的技术支撑也发生了天翻地覆的变化，现在平均每天大概有 20 项的技术升级在百度的后台发生。虽然大家在表面上看到的东西多年不变，但是背后它所依赖的技术却在飞速地发展。”

为了让“框”越来越智能，搜索使用越来越简单，百度内部成立“框计算研究委员会”，集合 3000 名工程师，每天都会基于“框计算”推出近百项新技术上线。2009 年 11 月百度公司正式迁入新的办公和研发大楼——百度大厦。百度大厦的设计者与鸟巢的设计者为同一人。百度大厦外观简单大气，长方形的框架，呈“目”字形结构，被百度人称为“搜索框”。大厦的设计理念也正与百度的文化内涵完美契合，“简单与复杂的调和之美；科学呈现着简单与复杂的辩证法；自然界的复杂与丰富来源于最简单的图案或者元素；精于心，简于形；简单的解决方案绝不简单”。

1. **突出“痛点”**

所谓化繁为简，就是要删除细枝末节，抓住主干，有不少企业对“简单”一知半解，大刀阔斧下来反而把产品塑造成不伦不类的“四不像”。

要想化繁为简，在产品设计上，企业要勇于抛弃与“主业”——核心功能无关的设计，突出产品针对用户痛点的功能。即使这个设计有锦上添花之效，只要影响到用户的使用和体验，就变成了障碍。企业应该理智地按“删除键”。否则，麻烦的不是用户，而是企业。

2. **便于使用**

与苹果手机相比，黑莓手机的技术含量丝毫不逊色，为满足人们移动通信的需求，黑幕还提供了邮件服务。苹果手机还未成气候时，苹果团队中的很多人用黑莓手机开展业务。此后，黑莓手机在智能手机前黯然失色，被用户抛弃，不是因为其功能不强大，而是因为其实用功能被层层嵌套在诸多菜单里。即使再精通技术的人，也不能方便快捷地使用，还要花费时间和精力去寻找。

3. **“简单可依赖”**

在提倡“简单可依赖”的百度，也曾出现画蛇添足的纰漏。百度一名产品人员曾做过这样的尝试：在百度页面增添了一些图片。看上去，搜索页面确实变得赏心悦目。但是，更加美观的搜索页面上线后，给服务器带来沉重的压力，导致百度搜索引擎运行速度变慢。最后，这些图片只得下线。

4. “做减法”

百度的核心功能是搜索，让用户在最短的时间内搜索到最丰富的信息是其本分，也是对用户最具吸引力之处。有助其实现核心功能的设计可以保留；反之，一定果断砍掉。这是一种选择，无关技术。

在产品设计上做减法，除剔除不必要的设计和功能外，产品在操作流程上也要足够简化，保证用户在短时间内就能实现目的。

5. 创意

简单还是一种创意，体现在产品命名上。不仅要精炼，即一两个词汇，还要能够捕捉产品或企业的本质，为产品注入个性，清晰地向用户呈现“你是谁”、“你卖的产品是什么”。大多时候，人们青睐于简单、容易上口的名称，自动逃避那些一长串的拗口名称。在 HTC 与 HTCThunderbolt 之间，毫无疑问，更容易选择前者，或者干脆称“我的手机”。

百度的名称，简单至极，是李彦宏取自宋词“梦里寻她千百度，蓦然回首，那人却在灯火阑珊处”，既有文化底蕴，又能凸显其“搜索”的特色。而且百度与“摆渡”谐音，帮助用户搜索到所用的信息，无异于一条船，渡人们到达河的另一岸。

“英语教师”罗永浩用互联网思维做手机，为手机取名为“锤子”，也很简单质朴，容易让人想起他那句著名的“我不是为了输赢，就是认真”，凸显老罗心中的工匠精神。再加上他曾经用手抡大锤，在西门子中国总部怒砸冰箱。老罗的意思可能是彪悍的人生有彪悍的产品。工匠精神产生的手机，质量能不靠谱吗？不过，产品是否真正靠谱，名称不能做主，还要产品本身说了算。

6. 文化支撑

简单产品背后，还离不开企业简单文化的支撑。关系简单的企业，才更容易做出简单的产品。李彦宏这样解读百度“简单可依赖”的文化：“简单，意味着没有公司政治、说话不绕弯子；意味着愿意被挑战；意味着公司利益大于部门利益；也意味着我们心无旁骛，不被外界噪音所干扰。可依赖意味着什么？意味着自信、意味着开放式沟通、意味着我们只把最好的结果交给下一个环节。”

简单的人，构成简单的组织，形成简单的环境和氛围，才能生产出简单、优秀的产品。

虽然是一家化妆品公司，阿芙精油公司文化也很简单，看起来更像是一个游乐场：很早就废止打卡制度，员工的奖惩靠“扔飞镖”，办公室内有“胶囊公寓”，员工困了可以带薪“小睡”。创始人孟醒一直认为上班是件痛苦的事情，他的目标就是尽量让企业文化简单，办公环境轻松，“在他看来，小公司不需要把每件事都弄成制度。人是有自觉性的动物，人不需要每时每刻被监督着。”

世上从来没有无缘无故的简单，用户获得的便捷且符合惰性的产品，恰恰源于企业背后的强悍力量与从未停歇的勤奋。看似悖论，实则天衣无缝，为企业商业规则。

“互联网+”时代，无粉丝无未来

很多人认为在“互联网+”时代，无非就是把商品放到网上销售，而且认为淘宝在未来10年会让大多数实体店倒闭，但是越来越多的淘宝店主却感觉生意走进了“死胡同”。现在，每天有近万家淘宝店关张。

每家关张的淘宝店主都有一肚子苦水要倒：推广费用过高，不做推广没生意，做了推广可能入不敷出；客户占据消费“主场”，对产品和服务不满意，立马会投诉，吓跑了其他顾客……还有一些淘宝店因为“自作孽”，胆敢“以下犯上”欺骗顾客，不是受到淘宝平台处罚，就是被顾客们抛弃。

作为中国最大的网上集市，淘宝平台上的卖家虽然熙熙攘攘，但数亿的用户流量一开闸，在这个大家渐渐不再看广告的时代，即使不做推广，每家每户也不大可能被“淹没”，不至于走不下去。

“互联网 +”时代，也是粉丝经济时代

在传媒深入生活“毛细血管”的今天，企业不一定非要花大价钱做推广，不用靠打折、发优惠券等“暴力手段”，只要有粉丝，就有生存发展的底气。

在传统工业经济时代，企业只要有顾客就能存活。在“互联网 +”时代和“移动互联网 +”时代，仅有用户和顾客不够，还要有粉丝。

与用户和顾客相比，粉丝更忠诚、更热心，不仅是企业产品的追随者，还是企业产品的推广者。

在“互联网 +”时代物质极大丰富的诱惑下，面对花样繁多的营销策略，顾客和用户的心是“驿动”的，今天可能被一个折扣吸引，明天被一个礼品“拐走”，不知道明天“栖身”何处，而粉丝则是你最忠诚的用户和优质的目标消费者。

预言帝凯文·凯利曾经提出“一千铁杆粉丝”理论：任何创作艺术作品的人，只需拥有 1000 名铁杆粉丝便能糊口。无论你创造出怎样的作品，他们都愿意付费购买。对企业来说，也是如此。一旦粉丝对企业注入感情因素，即使企业偶尔生产出有缺陷的产品，粉丝可能也会接受或

有更多的耐心等待你去改进和完善。

粉丝不仅是忠实的消费者，还可能是企业和品牌的宣传者。出于对某一品牌的认同和热爱，他们可能拿起手里的微博、微信，向他的闺蜜或哥们，甚至是陌生人，为你“背书”，拉来更多的顾客或粉丝。

“粉丝”的影响力到底有多大？来看看五皇冠淘宝店 nanastore 的故事。

> 一家叫 nanastore 的五皇冠淘宝店，火得一塌糊涂：五皇冠 99.9% 的好评率，40 分钟 2500 件的单款销售，两个小时 1.4 万多件的店铺销售，74% 的回购率，91% 的库存动销率。在 nanastore，买衣服基本要靠“秒杀”，因为抢的人太多，所以店里大部分是下架产品。
>
> “互联网 +”时代，产品数量丰富爆棚，再好的产品自己也不会说话。Nanastore 虽没做推广，却做对了一件事情，就是聚集了一帮粉丝，准确地说，是 Nanastore 的店主 NANA 的粉丝。
>
> 这批粉丝就是她的活法，给她撑了腰。
>
> NANA 将目标顾客定位于 25 ~ 35 岁的女性。这个年龄阶段的女性，衣服永远都少一件，既有消费冲动，又有消费能力。而且 150 ~ 450 元之间的价格，恰恰处于她们可承受的消费区间。

凭借独特的审美能力、国际大品牌的“帮衬”，以及一系列拿得出手的“作品”，NANA 微博上汇集了 27.6 万的粉丝。与马云玩微博粉丝数量一天突破 25 万相比，27.6 万粉丝的 NANA，至多算个“中 V”甚至“小 V”。但是，马云他们火多少年了？身价又是百亿规模，号召力全国能有几个人可比？作为草根，二十几万的粉丝，已经算红了。

在 Nanastore 新品上架前，NANA 可能会在微博上“预热”一下。所以常常出现的情况是，新品还没上市，就已经有一批粉丝做好购买的准备。当新品一上架，短时间内就会被“秒杀”。

还记得当年 CCTV 以价格歧视批评星巴克吗？很多星巴克的粉丝反而“不领情”，在网上奋力反击，并且照样每周都会进入她们的“第三空间”，以行动来捍卫自己的“精神家园”。

十年前，无论你看不看《超级女声》，知不知道李宇春、周笔畅，估计对疯狂的“玉米”们，却不可能没听说过。“玉米”有多疯狂？在机场彻夜迎送、通宵在酒店守着，就不说了。为发短信投票支持偶像“春春”，一位“玉米”竟然一口气花 50 万元买下一万张手机卡。有位女“玉米”竟然因为男朋友不是“玉米”而分手，而且说“一点都不难过”。在电影票房还不是动不动就上亿元的 2009 年，李宇春参演的《十月围城》，“玉米”们至少贡献了一个亿的票房……只能说“玉米”们对李宇春是真爱。

粉丝的真爱，不仅能捧红初出茅庐的小年轻，还能把一些“沉睡”已久的“大叔”激活，让他们咸鱼翻身，而且越“翻”越滋润。

粉丝们的“真爱”

你知道现在的国民大叔吴秀波和傅彪是同学吗？在傅彪和冯小刚一起拍电影时，“吴大叔”仿佛隐形人。在大家心中，完全没有今天的雅痞和“师奶杀手”级笑容。近几年，在女粉丝的簇拥下，出道二十多年、半红不红的“吴大叔”，却品尝到了迟来的一夜爆红。魅力和人气大增。“波蜜”见他瘦了高呼“心疼”，不管留不留胡子都被称赞“好帅”，他参演的电影《四大名捕》，粉丝们包场观看。

不管别人是否看惯你的中性打扮，抑或争论你是不是真的很帅，重要的不是你是谁，而是有没有粉丝，有多少粉丝。只要有了粉丝，好像一切都不再是问题。

粉丝经济不是互联网才出现的新事物，企业请明星做广告的传统做法，算作一种早期做法，现在仍然被一些企业所用。传统的明星代言，更多给人一种高高在上的感觉，而现在的粉丝经济，更多是放低姿态，与粉丝进行沟通。传统的明星代言，多是为打广告、做促销，而现在的粉丝经济，更是为了迎合时代的发展。

互联网的推波助澜加速了信息交流，却正在将人们割裂成一个个社群。这些社群相互之间彼此陌生、兴趣各异，沟通也变得越来越困难。"中国好声音"的拥趸和"快乐男生"的观众，可能无法聊到一块去；而不养狗的人和养狗的人，对于是否应该吃狗肉，也难以达成统一的意见。

社会呈现社群化发展，决定了商业发展，也必须做出相应的调整。企业不可能是每个社群的"大众情人"，却可能在某个社群或某几个社群中大受欢迎。虽然粉丝经济不等同于社群经济，却更接近于后者。

"互联网+"时代，有粉丝才能有发展、有未来。而培养一群粉丝，比打广告拼流量重要不止一百倍。每个企业都应该发展自己的粉丝，并热情拥抱自己的粉丝，建立忠诚于自己的消费"部落"。

企业要想发展粉丝，就要为用户树立一个有人格魅力的偶像，最常见的人物选择就是企业创始者。无论身处哪个行业，他们可能是一个不折不扣的造梦者，甚至成为一个传奇。李彦宏和百度都是以技术见长。低调的技术范儿，却将百度做成中国最大的互联网公司之一，为李彦宏增添偶像化光环。在百度贴吧这个娱乐明星粉丝圈子的集散地，李彦宏不仅拥有自己的贴吧，"宏粉"多达数十万。有人称他为"宏哥"，有人亲切称其为"Robin"。

也许不是中国最甜的橙子，褚橙为什么能这么火？这可能只是属于褚时健个人的传奇。昔日的烟草大王，经历了17年的牢狱之灾，以八十多岁高龄再次创业。这样的传奇人生，有几个人能演绎出来？

你有你的传奇，我也有我的平凡。互联网营造的信息对称，让人们颠覆了对高大全偶像的想象。与传统媒体过度包装的偶像相比，人们可能对那些具有一技之长，却有鲜明特色和独特气场的普通人“感冒”，选择做他们的粉丝。

Nanastore的店主NANA不是传统意义上的成功者和偶像，只是一个家庭条件优越、对服装疯狂热爱的女孩子，早期做韩国服饰代购，现在是国际大品牌的VIP。当大品牌提供秘密试穿时，她是第一批购买者。在大牌服装版型的基础上，她再请设计师进行改良，利用精挑细选的面料，做成适合中国消费者的款式。

这样有些小才华，肯动心思的普通人，在人们看来，更接地气，也能够赢得一大票粉丝。

当然，有人脉的企业经营者，如果能够请一些大佬和明星为自己的品牌“站台”、拉票，则可能把大佬、明星的粉丝，转化为自己品牌的粉丝。在做roseonly时，蒲易积极调动自己的圈内人脉，在微信朋友圈卖力吆喝，搜狗CEO王小川、新希望集团创始人刘永好的女儿刘畅、世纪佳缘创始人龚海燕都参与了转发。此后，从情人节到白色情人节、母亲节、七夕情人节，每一个可以借题发挥的节日里，微博上李小璐、杨幂、李云迪、林志颖、冯绍峰等明星都轮番晒出roseonly玫瑰。

利用明星进行社会化媒体营销，向用户贩卖“一生只送一人”的情感理念，用爱情这个永恒的主题直击用户的内心。这使得Roseonly在仅仅成立7个月之后，卖玫瑰花就做到月销售额1000万元。

利用有魅力的偶像赢得粉丝，仅仅走出了粉丝经济的第一步。粉丝再忠诚也不是一棵树，一辈子不会挪动位置。企业要想保持并吸引更多的粉丝，还要学着利用社交媒体经营你的粉丝。否则，可能会遭遇粉丝的用脚投票。

即使在全世界拥有海量果粉的苹果，在高傲地拒绝与果粉互动后，也一步步走向被动。

1. **难以掌握危机公关**。

不懂与粉丝互动，造成的后果之一，就是可能无法体会粉丝的感受，更难掌握危机公关之道。2013 年“3·15”晚会遭遇“8 点 20 发”事件后，苹果因发出一份“最官方”、丝毫没有体现歉意的声明而饱受批评。如果苹果懂得俯下身来，与粉丝打交道，怎么能发出如此没情商的声明？好在是乔帮主缔造的苹果，如若换成其他企业，说不定真的会被用户剥夺存在的机会。

2. **缺失话语权**。

在 2013 年 9 月苹果发布色彩丰富的 iPhone5C 时，被诺基亚在 Twitter 上嘲讽为模仿自己。向来追求不同凡响的苹果固然清高，但是对于如此嘲讽，在社交媒体缺位的他，又能怎样？能做的可能也只是“哑巴吃黄连”。

即使逝去的乔帮主可能还在罩着苹果，但是苹果未来会不会因为不懂得和粉丝交朋友，在社交媒体上保持消极而与用户渐行渐远？谁都不确定。毕竟，当一家企业走到峰顶，旁边的路很可能就是下坡。可能意识到危局已经兵临城下，2014 年 8 月，苹果为社交媒体部门聘用了新主管。但愿这个新开始能带来好的结局。

“互联网 +”时代，与粉丝互动最佳的选择地就是社交媒体，比如微博、微信、贴吧、QQ 空间、论坛、社交网站等。也许有人会说，经营粉丝、与粉丝互动，不就是在微博、微信朋友圈、贴吧里发发广告吗？如果你有这种想法，只能说你运用互联网工具，做着电视台打广告的旧事情。这种做法与你去商场，进入一家店，就有服务员追过来喋喋不休地推荐商品有何区别？

“互联网+”时代，如何留住粉丝的心？

1. 微博、微信

现在几乎每个企业都会建个微博、微信，却又深陷关闭的泥沼，原因就在于利益化倾向太严重，只知道发广告，不懂得与粉丝交朋友。

2. 与粉丝互动

与粉丝互动时，你不应该再是一个冷冰冰的企业，而是一个有感情、有温度的人。要让粉丝感觉到被尊重，像朋友一样对他嘘寒问暖、聊聊家常，甚至为他解疑释惑、排忧解难。暂且把生意放一边，静下心来听听粉丝的苦恼和需要，并最大限度地为其解决。

3. 回归人性

在这个个人意识苏醒的年代，谁都不愿意他人只是为了想赚你的钱才和你交往，如果你忘记人性和尊重，不懂得站在粉丝的角度去思考，仅仅为“拉客”而与粉丝互动，你的粉丝将不再会是你的回头客。

4. 走到线下

对传统企业来说，拥抱社交媒体与粉丝互动的同时，如果能够走到线下，与粉丝进行面对面交流，可能会产生线上交流所不及的效果。

作为中国青年学生的偶像，除了出席百度的重大活动，李彦宏在为数不多的公众活动中，现身北京大学、清华大学、中山大学等名校毕业典礼的占比非常高。在 2014 年 8 月 4 日与全国各地的 12 名高考状元的“新状元新起点”对话中，李彦宏没有为百度做广告，而是对他们提出诸如“从聪明到优秀有一个过程，必须锤炼自己的性格与情商”、“努力做事，不抱怨，改变小环境，适应大环境”等有益于人生的忠告。

李彦宏以自己的人生阅历激励年轻的粉丝。此时，他的百度创始人的身份被淡化。他以青年导师的身份对他们提出的建议，或许更能赢得尊重。

5. **传达梦想、榜样力量**

关心粉丝，帮助他们成就梦想，是深耕粉丝的有效策略。2014 年 8 月 5 日，在第三届乐粉盛典上，联想为乐粉请来三位超级偶像：NBA 著名球星科比、女歌手 Hebe 和“快乐男声”欧豪。在联想的巧妙安排下，现场的主角既不是三位人气明星，也不是联想新款手机，他们统统都是来为乐粉完成梦想助力。欧豪以劲歌热舞助阵，帮助一位乐粉实现成为吉他手的音乐梦想；Hebe 通过表演，为一位希望帮助自闭症儿童的乐粉拉票；而科比则现场表演投篮秀，为一个渴望将中国武术发扬光大的乐粉“攒”人气。

通过人气明星在现场传达梦想、榜样的力量，带动乐粉一起圆梦，联想也将自己的手机梦想融入其中。联想如此懂得粉丝经营之道，小米、华为们，可能要辗转难眠了。

移动互联网 + 金融将成为“超级巨星”

移动金融是基于移动互联网平台的金融形态。随着移动端和移动应用的发展和渗透，它正在快速改变全世界人民的生活，甚至将对金融政策产生难以估量的影响。

改变社会的移动互联网 + 金融模式

20 世纪以来，随着新技术、新理念的涌现，在全球范围内，人们的生活水平得到了大幅提高，其中新技术对贫困人口生活质量的提高尤为重要。联合国2010年开展的一项研究发现，作为移动金融的主要终端，手机是有史以来在摆脱贫困方面效果最好的先进技术之一。

正如美国前总统比尔·克林顿在美国《时代》周刊撰文所说：“技术促进平等。”移动金融则使穷人有机会享受基本金融服务，进而改变贫困地区的金融服务现状。

海地是世界上最不发达的国家之一，大约75%的人生活在赤贫状态下，全国只有大约20%的居民能用上自来水，文盲率高达80%。当地大约93%的海地人住在农村和2000人以下的小城镇，近85%的人口从事农业。经济的落后使贫穷和偏远地区的人们难以享受到传统银行提供的金融服务。

但是，移动支付改变了众多发展中国家人民的生活。只有10%的海地人拥有银行账户，但大约80%的海地家庭拥有手机。爱尔兰商人、迪吉塞尔公司董事长丹尼斯·奥布赖恩与加拿大丰业银行合作提供了一种移动支付服务，让海地人无须开设银行账户，利用手机就可以存款并取现。截至2011年年底，这项服务已经处理了600多万笔交易。移动支付使没有银行账户的人也能享受基本的金融服务。人们可以通过手机进行转账、汇款、取现、支付、偿还贷款等。

和海地情况相同的还有非洲等其他很多国家，如肯尼亚、科特迪瓦、埃及、加纳、乌干达、津巴布韦、巴西和印度等。据统计，全球有25亿人没有银行账户，但其中的20亿人拥有手机，移动支付完全可以让这些人和拥有银行账户的人一样，享受便捷的金融服务。

聚变：移动互联网与金融的结合

移动互联网和金融的结合虽然可能只是一个小小的变化，但极有可能产生聚变。M－PESA（移动货币）就是如此，它只是把移动通信和货币支付结合在一起，就催生了一场新的金融革命。

在全球众多的移动支付服务中，以肯尼亚 M－PESA 的业务最为突出。据统计，M－PESA 业务自 2007 年 3 月正式推出以来，成绩斐然。第一年用户就达到 200 万户，2013 年已拥有 1500 万活跃用户，占肯尼亚 4100 万总人口的 36.5%。每天有 300 万笔转汇，每月涉及金额高达 7 亿美元。在 M－PESA 业务推出之前，肯尼亚 38% 的人口从没享受过任何金融服务，而现在，接近 70% 的肯尼亚成年人使用移动支付方式。具体而言，M－PESA 的成功之处在于以下两点，如表 8－7 所示：

表 8－7　M－PESA 的成功

要点	分析
终端优势	Safaricom（萨法利）是肯尼亚最大的移动运营商，占据将近 80% 的市场份额。推出 M－PESA 以前，27% 的肯尼亚成年人拥有手机。所以，在接触最终用户方面，移动运营商的覆盖范围远远超过传统零售银行，这使得运营商能够非常自然地将客户服务近乎无缝地延伸到金融领域
客户体验良好	M－PESA 本身采用短信转账，快捷、安全、易用。不需要银行账号，也不存在月费、最低账户余额等要求。更重要的是，其转账收费比银行转账收费便宜 50% 以上

第 9 章

“危”与“机”的博弈，金融业且行且珍惜

未知领域，风险依旧存在

一个新事物从诞生到发展过程中，我们应在肯定其诸多优点的同时，也应该客观认识到其缺点和不足。例如，在“互联网+”时代，互联网金融虽然为企业带来新的机遇，但同时亦存在相当多的风险，不可盲目追随。

网络本身是中性的，没有好坏之分。它只是组织的一种形式。所有组织形式都有优点和缺点，也都可以用来为善或者为恶，网络也不例外。高度互联的系统可以让想法更迅速地推广开来，不过，它也会让病毒散播更快。网络中的高风险行为常会有叠加效应，而且常常无法预测。

1. **互联网金融的“野蛮性”**

说互联网金融野蛮也好，不守规矩也罢，其实背后都是自身独特的风险文化在起作用。如果没有这种相对较高的风险，互联网金融也不会有存在的空间了。

近两年，中国互联网金融发展非常迅猛，但其野蛮生长中也出现了一些隐患和问题，形成了独特的“野蛮生长”。

由于科技手段的不断进步，如云计算、大数据、物联网、搜索引擎、定位功能等高新技术不断被阿里巴巴、腾讯等互联网企业引入到电商业务中，凭借着社交网络、电商平台等积累起来的用户基础及其交易数据，互联网企业可以比较高效地了解用户在金融服务方面的需求和偏好，从而有可能满足消费者和客户获得更加便利的金融服务的愿望。

2. **带来优质服务、体验同时，问题也显现**

可以说，互联网金融给消费者提供了更加丰富的产品和更加优质的客户体验。但是，互联网金融也出现了一些问题。比如，不少网络公司在销售基金产品时承诺较高的回报率，但是并不揭示其中的风险；一些P2P公司相继垮台、跑路；有的网上第三方支付引发了纠纷。

有不少专家学者在评论互联网金融时，经常把它与传统金融对立起来，认为现有的银行和其他金融机构就是落后保守的代表，而互联网金融企业则是“金融创新”的代表，有人甚至相信或者希望它能颠覆现有的金融体系。杨凯生比较赞成杨元庆的观点，即在现在这个时代，没有互联网思维肯定是不行的，但是，认为互联网可以取代一切的思维也是不对的。总之，互联网金融不应该是一个无底线、无限制的空间。

某金融领域专业分析师发表评论文章称，目前互联网金融的组成群体实在是太复杂了，比任何一个传统金融行业都复杂。仅在线理财这一分支，就有无数风格迥异的平台。阿里、腾讯、百度、苏宁、银行、基金，甚至还有财经媒体都来“搅局”，形成了颇具多元色彩的景象。文化和风险是需要同时考虑的，特别是对于金融行业。传统金融的监管体制已经很到位了，所以文化上比较一致，是审慎、规范的制度性文化，坚决不越雷池，不逾越政策的“天花板”，一旦出问题就要向监管机构打报告，否则就可能面临严厉的惩罚。

那么，目前我国的互联网金融普遍存在哪些问题与风险呢？如表9-1所示：

表9-1 互联网金融存在的问题与风险

问题	风险分析
自治权过多	网络中的自由和社会中的自由是一样的，二者都不是绝对自由。自由的边界由企业设计，确定哪些可以做，哪些不可以做。你的权利不能影响你邻居的权利。团组的自由不能对企业造成严重的负担，并让整个企业身陷险境
自治权不足	限制太多也会产生危险。给团组自治权的目的是让他们学习和成长。我们无法预测什么时候会出现什么样的新知识。限制太多的话，团组就无法学习，也无法在竞争中取胜
群组失败	互联式企业的成功主要依靠分布式控制理念。把企业打散成尽量小的部分，你就能创建一个由小型敏捷团队组成的网络，运转的速度也会远超大型企业。问题在于，群组应该享受多大的自由度，自由的边界又在哪里。对每个企业来说，答案都是不同的。不过，风险确实存在。如果自由度太高，则网络会失去凝聚力，企业将会面临诸多风险。自由度太低，会阻碍分布式控制理念的实施，团组也无法学习和创新

续表

问题	风险分析
目标失败	利润不是企业的终极目标。如果企业能服务好客户，建立长期关系和忠诚度，那么利润自然就会越积越多。如果人们相信企业能提供优质服务，他们就会成为回头客。所以，只有把主要目标定成“为客户创造价值”，企业才能健康和可持续地发展，别无他法。当企业的目标发生变化，优先考虑自己，以客户为代价，那就“失其道”了，失败只是时间问题
平台失败	平台是支持社区的系统。平台是一项投资，而且常常是长期的投资，只能在较长的一段时间后看到回报。平台支持的是网络，网络是共享的资源，所以要想做好平台，平台就必须能吸引人来参与并把人留住。在加入平台之前，个人和企业都必须相信平台提供者能支持他们，并能不断调整，满足他们的需求。否则，最终也只会以失败告终

互联网金融有一张不完美的“脸”

任何行业都不是完美的。“互联网 + ”时代来了，金融业的平台正在发生剧烈变化。

有人说，金融行业是除了国家政权外，也是最高级别的商业模式。这个行业聚集着优秀的人才，江湖上也更是流传着金融业的精英袭击一个国家的金融体系造成其金融危机，在全球范围内 24 小时不间断地高频交易，消灭一切套利空间黑洞，从而获得比印钞机更稳定的巨额收益。更有人分析称，整个世界的政治格局，其实掌握在少数几个金融家族的手中。

面对这样一张蛮横的“脸”，马云说了一句名言：“如果银行不改变，我们就改变银行。”

金融业真的会被互联网颠覆吗？“高端、大气、上档次”的金融业人士给出了最为嗤之以鼻、不屑一顾的反击：“你觉得颠覆了谁？又没创造新产品，又没开辟新领域，又没绕开现有银行体系，你们不过是把 10 年前银行干过的违规的事情搬上了网。”

果真如此吗？

不完美的现实

1. 不完美现实之一：金融意识淡薄

长期以来，即使是完全在市场经济里摸爬滚打的民企，金融意识也非常淡薄。有的企业在贷款到期后，企业明明经营正常，但就是不归还贷款。无奈，银行将其诉讼到法院。信用低下，信誉扫地，诚实、守信的金融文化核心培育不起来，使得金融运行成本异常之高，整个社会经济金融活动处于人人自危状态。

哪怕从金融圈子内部来看，诚实守信、“有借有还，再借不难”的基本金融文化观念在一些金融人士脑海里也非常淡薄。

2. 不完美现实之二：安于现状，不求改变

对于很多企业来说，如果客户和市场的变化较小，那他们就会安于现状。当企业很大，而且曾经取得过成功时，更是如此。有些人把这称为温水煮青蛙，如果水热得慢，青蛙就注意不到，最后慢慢被烫死。

身处“互联网＋”时代，迈向互联之路的第一步就是问问你自己想要什么。你是否认同企业的目标？你愿不愿意在这里工作？企业依靠的是员工的激情来运作，如果你在工作中找不到激情，那你就来错地方了。

如何在“互联网+”时代成为“互联式企业”?

1. **共同目标**

让整个企业的人都感到激动的共同目标。这是做事的起点。企业和人一样，都有可爱之处，也有缺陷。如果你对企业没有爱，那留下来对你和对企业都没有意义。即使企业有很多缺陷，你至少要相信它有未来，认为它值得跟随，否则留在企业也毫无意义。这并非要你马上辞职，但你应该明白，这个世界是很激动人心的，而且周围机会那么多，你没必要守着一份你不喜欢的工作。你应该寻找能让你自己感到激动的事情。

2. **基于客户的设计**

未来的企业都是围绕客户来设计的。客户能不能很容易地找到你的企业？能不能很容易地和企业交流，或者购买商品和服务？能不能很容易地和企业形成长期关系？客户打电话来的时候有没有人接？客户的要求能不能及时响应？互联式企业始于客户。人和体系都是组织起来支持客户服务的。你也许不会每天跟客户直接打交道。经理们和高层们把时间花来开会，或者用来研究从工作中总结出的信息，比如利润和收入数字、现金流、产品销售等。

3. **自然增长**

每家企业都是从小到大的，每家企业刚开始的时候都是互联式企业。如果你是一家创业企业或者小企业，那么你要解决的问题就是如何增长才能避免人和终极目标之间的不匹配。通常来说，这意味着你得忽略久经考验的经理、律师和金融咨询师等“老牌”专家的命令式控制哲学。他们通常是好心的，但是却被局限在了工业时代的方法体系里，理解不了新的有机架构。

4. **驱动式变革**

如果你是企业的老板或者高层，那就可以跟随通用电气的杰克·韦尔奇或者 IBM 的卢·郭士纳的道路。韦尔奇和郭士纳用两本书来详尽叙述了如何进行从上到下的领导驱动式变革，这两本书分别是：《杰克·韦尔奇自传》以及《谁说大象不能跳舞》。要想走这条路，你就必须全身心认可和投入，并向现有的组织和文化宣战，而这些东西往往会受到很多人的保护。杰克·韦尔奇把这称为："我扔出了一个又一个手雷，把那些我觉得拖后腿的传统和文化统统炸掉。"

危机边缘：互联网金融的"灰色地带"

目前，互联网金融是一个"灰色地带"，常常让深陷其中的人游走在危机边缘。这是由于现行监管体系无法完全覆盖，适度的混业监管，或是未来的一个选择，但涉及相关立法和监管体系的变化需要较长时间。这点我们将在最后一章详细讲述。

1. **金融意识薄弱、监管难**

互联网金融不但给商业银行带来深刻冲击，而且使得中国金融监管乃至世界各国金融监管都没有回过神来，因为互联网金融超出了现有的金融监管意识、监管人员储备准备、监管政策的范围。互联网金融革命给大众带来的便捷交易体验、无门槛理财服务以及对传统金融业态的倒逼，毫无疑问，这些均值得我们为之大声叫好。但是，正如我国银监局局长所担忧的一样，互联网金融不仅事实风险存在，而且还存在监管难的问题。

2. **新的挑战和要求**

互联网金融的突然降生，给金融监管部门提出了新的挑战和要求，特别是电商网贷和互联网金融理财产品的高速发展，给监管部门提出了全新的要求。不过，值得庆幸的是，由于监管部门早有准备，互联网金融支付系统已经进入到了监管部门视野里，相关企业已经按照监管部门要求领取监管部门颁发的支付牌照。

3. **无偿占有资金**

电商支付系统上沉淀的大量资金被电商金融企业用来发放贷款，其益处显而易见，即充分提高了这部分资金的使用效率，盘活了这部分沉淀的死资金，支持了中小企业的发展，促进了电商金融企业和实体中小企业的双赢局面。这是值得肯定的，然而问题在于，按理说这部分资金从本质上不是电商金融企业的，而是买家和卖家的，电商金融企业不应该无偿使用这部分资金；同时，资金安全性也是一个大问题。前几年，证券公司大量挪用客户保证金用于理财产品投资，结果造成巨大亏空，最终国家财政拿出了680亿元给其买单。后来，证监会制定了证券客户交易结算资金第三方存管办法，即券商只管证券而不管资金，由第三方的银行来管理资金，并且从系统上做死客户保证金提取渠道，杜绝券商挪用保证金的行为。因此，对于电商金融企业挪用类似支付宝上的客户资金发放贷款，监管部门也应该制定严格的监管措施，电商企业在使用客户资金时，也应当给客户支付活期利率，而不是无偿使用。

化危为机：金融诚信关乎企业未来

金融是经营信用的，信用是一种文化，金融自然也是一种文化。从古到今诚实守信不仅是一种美德，而且最终将会受益，并且可以“化危为机”。

信用就是金钱

信用产生于民间物品的借贷，是与使用权的转移相联系的。信用缺失常常在生产者和消费者之间造成不便。德国著名的社会学家韦伯说：“信用就是金钱。”从商品市场的买卖到资本市场的借贷，无一不体现了信用，没有信用就没有交换。没有信用，市场经济就不能正常运行。我们一边数着工资，一边想这是不是假钞，这就失去了生活的安全感。到了20世纪末，更高层面的金融产品的发展进一步证明，没有信用就没有存款，也就没有了银行，没有股票和证券业，没有信用，就没有人购买保险产品。

为什么说信用就是金钱？

1. 有信用才有认同

在金融产品的发展过程中，充分体现了人们对货币、对信用的一致认同，认同就是信任的含义，有信任也就有信用，而且这种认同、信任，是一个不断从底层到高层的发展过程，也是从实物的信任到虚拟的信任，从过去的信任到社会的信任，无论怎么变化，这些货币都具有信用的公共性，价值的稳定性，都覆盖了人的诚实、守信等丰富的道德内涵。一个社会从事存款、货币交换和借贷业务时，信用尽失、信誉全无、诚实守信荡然无存，也就说明这个社会基本没有金融文化。

2. 守信是金融交换活动的基础

从微观层面看，金融是金融机构和投资人之间金钱的交换，形式上表现为价值的交换活动和权利的交换活动，但内涵上是一种道德的交换活动。因为金融市场的道德决定了金融交换，金融的真实性、可信性、内涵价值的体现都是交换的前提。有的人信誉好、信誉高，不仅能借到钱，甚至能借到很多钱，并且成本特别低，这就是诚信对人的经济价值和收益。

3. 共赢是金融文化的目标

金融是通过个人、国家机构、精神交换，达到资源共享的效果，使单个的人和机构更好地度过精神紧张、经济压抑的时期，促进社会的发展。任何社会中，个人的收入风险和能力都会不同，使他们都能够通过交换达到互相配置资源的效果，这才是金融的根本特征。金融是一种复杂的社会活动，涉及各个方面，从外部来看，金融与政治、经济、科技密切相关，相互影响，从内部来看，具体到每一项金融活动，每一个金融产品，都是多方经济关系、法律关系、人与人的关系、人与机构关系的综合体。

金融文化并非简单意义上的将“金融”、“文化”二者合并，而是将一股新鲜的血液注入金融行业里，是杠杆的支点，托起金融文化引领人们价值观的重担。

正在兑现的“如果银行不改变，我们就改变银行”

大多数人也许也没有意识到，阿里巴巴小贷公司的开业标志着马云开始兑现一年半以前夸下的海口——“如果银行不改变，我们就改变银行”。大家也许感到，阿里巴巴小贷公司只不过是一个给中小企业融资的小金融企业而已，因为没有拿到银监会的批准文件，甚至连小金融企业也算不上。当时，很少有人会想到，阿里巴巴小贷公司的诞生，宛如给中国金融业这潭水中扔入了一块石头，让原本平静的水面泛起一阵阵涟漪，而且让中国金融文化发生了想象不到的颠覆性改变。

阿里巴巴小贷公司的目标就是把电子商务的行为数据转化为他们的信用数据，通过互联网的手段为小企业、创业者提供24小时、方便快捷的信贷服务。阿里巴巴小贷公司与阿里巴巴、淘宝网、支付宝底层数据完全打通，通过大规模数据云计算、客户网络行为，将网络信用运用于小额贷款中。小企业在阿里巴巴、淘宝店主在淘宝网上经营的信用记录、发生交易的状况，投诉纠纷情况等信息，都将在评估系统中通过云计算分析，最终作为贷款的评价标准。阿里巴巴小贷公司的小额贷款整合了电子商务公开、透明、数据可记载的特点，解决了传统金融行业针对个人及小企业贷款无法跨越的信息不对称、流程创新、网络惩罚等问题。一句话，诚信经营不是贷款企业愿意不愿意的问题，而是不得不的问题。在大数据面前，你不重视信用、不想遵守合同就寸步难行。久而久之，企业自然而然养成了重合同守信用的习惯，良好的金融文化通过技术手段被迫形成。

自有网络平台受制于多种因素，业务发展缓慢，希望可以利用第三方电子商务平台的用户群和用户体验优势，提升自身的网上基金销售业务能力。电商平台也已经渗透到银行中间业务代理上，进入到金融产品代理销售上。相信今后的保险产品、股票债券、期货期权及其他各种金融投资理财产品都将进入到电子商务平台上销售。

随着互联网金融与广大民众的联系越来越紧密，互联网金融的诚信文化必将全面渗透到社会的各个领域里。正如互联网金融一样，强大的互联网系统正在成为恶性金融文化的重要手段。互联网金融现在以及今后对中国金融文化环境的改善是不可估量的。

第 10 章

及时拥抱监管，创新才不会“闯祸”

处理好七大关系，及时“踩刹车”

金融监管是指政府通过特定的机构对金融交易行为主体进行的某种限制或规定。金融监管本质上是一种具有特定内涵和特征的政府规制行为，是金融监督和金融管理的总称。金融监管作为政府对金融机构的管理和约束规范，将随着社会经济的发展和金融机构的变化，不断地进行调整与完善。

据中国经济网报道：“网贷之家统计，截至 2015 年 5 月，全国网贷运营平台数量已达 1946 家，累计成交量达 609.62 亿元。其中，当月问题平台数量 59 家，累计问题平台高达 661 家。激烈的市场竞争，一方面促使互联网金融行业快速成长，另一方面又因行业规范与监管的缺失，致使某些平台在投机心态的驱使下侵害投资者权益，严重扰乱行业的健康成长。为了重塑中国互联网金融行业公信力，助推行业健康可持续发展，6 月 18 日，首届中国互联网金融公信力论坛在深圳举办。”

深圳市融金所集团有限公司副总裁、首席文化官刘豊磊说：“公信力来自于公众的信任，公众的信任又源自行业的自律与完善的监管体系，这是行业发展的根本推动力。”。

在拥抱监管、努力创新之前，处理好以下七大关系，才能及时“踩刹车”，让问题止步。

1. 主体与行为监管

互联网金融监管需要处理好主体与行为监管之间的关系，即互联网金融模式下的监管对象是侧重于参与主体还是侧重于参与主体的行为。主体监管更多关注的是市场准入方面的监管，而行为监管则更多的是侧重对经营等方面的监管。互联网金融的参与主体来自不同的领域，十分多元，比如现有的金融机构、互联网公司，还有许许多多的创业公司及创业者。它们有些是持牌的，有些则没有牌照，只是以联盟、合作等方式间接参与互联网金融。与此同时，它们所从事的互联网金融业务可能也是非常多元化的，没有或者说还没有形成固定、成熟的模式。因此，对这些主体加以监管，无论是监管的资源还是监管的有效性，都是很有挑战性的。

2. 原则性与灵活性

互联网金融是一种创新模式，金融监管机构在监管方面既要坚持原则，即守住底线，不碰“红线”、“高压线”，同时又要保持一定的灵活性，为互联网金融的发展保留一定的空间。在互联网金融发展的初期，在相关法律、法规相对缺失的情况下，监管既要给予相关市场参与者以充分的发展空间，又不能完全放任自流。在监管的原则性与灵活性方面，还要把握好对于一些风险事件的处理。一个风险事件的出现是偶然的还是必然的，是个别事件还是系统性事件，需要认真分析和判断。

3. 短期与长期监管

短期与长期监管之间的关系，与原则性与灵活性之间的关系密切相关。从短期看，互联网金融正处于发展初期，此时许多情况以及存在的问题还不是非常清晰。因此，当下监管机构持有“让子弹飞一会儿”的监管理念是无可厚非的，但我们同时需要认识到，市场参与者的做法、行为是有惯性的。说得通俗一些，我们不能以大人的标准来要求孩子，但也不能因为他们是孩子就完全放任自流。不然，他们要么没法长大，要么即使长大成人了，一些陋习还是难以改正，发展的隐患将难以消除。因此，在当前这个阶段，即使它们还只是“孩子”，监管者应该告诉这些互联网金融的参与者，哪些是坚决不能碰的，哪些是我们比较鼓励和倡导的。

4. 大企业与中小企业监管

就互联网金融的参与主体而言，有些参与者是实力强、规模大的大企业，比如银行等金融机构以及一些互联网巨头；而更多的参与者则是实力弱、规模小的中小企业，如小额贷款公司等中小金融机构，以及许多来自互联网领域的创业公司等。从监管的角度看，大机构和中小机构有着不同的优势，同时面临着各自不同的风险。

5. 事前、事中、事后监管

从监管的环节看，可以分为事前、事中和事后监管。

事前、事中和事后监管之间既相对分离又互相联系。三个环节的监管其实是一个组合，是“宽进宽出”、“宽进严出”、“严进宽出”，还是“严进严出”，对于互联网金融的监管来说，可以有不同的选择。一般而言，事前监管严一些，事中、事后监管相对就会宽松一些；事前监管松一些，事中、事后监管相对就会严格一些。在事前监管方面，对于那些参与互联网金融的机构来说，是否需要在资本金实力、技术水平、人员数量等方面设定一个较高的准入门槛，是否需要取得直接的牌照方可从事相关活动，对于这些是采取静态还是动态的管理方式（即是否需要持续"达标"），我们认为需要与事中、事后监管综合起来考量，需要实现相对平衡。同时，对于不同的互联网金融模式，需要把握不同的尺度，适度调整监管组合。例如，对于互联网金融的监管，可以更多选择"宽进严出"的方式。

6. 线上、线下监管

说到互联网金融，自然会涉及线上与线下的关系。从监管的角度看，线上与线下模式存在明显的差异，面临的风险也不尽相同，因此关注或者监管的侧重点会有所不同。线上模式的进入门槛相对较低，覆盖面及影响力较广，可以突破时间、空间等方面的限制，同时违法违规成本较低，容易被居心叵测之人利用；线下模式则存在工作人员的道德及操作风险、信息技术方面的风险，以及市场营销等方面的人员与客户交流时的行为是否合规等。随着互联网金融的发展，线上与线下将逐渐融合，各自的定义以及内涵等都在发生变化，线上与线下的监管也在做相应的调整。

7. 商业机密、客户隐私与合规监管要求

在互联网金融的发展方面，金融机构之间，在当前尤其是金融机构与互联网公司之间，开展了大量合作。在合作过程中，客户数据信息的共享等往往是困扰各参与方的一大问题，同时也给监管带来了一定的挑战。因此，监管机构在互联网金融的监管方面，需要处理好商业机密、客户隐私与合规监管要求之间的关系：既要保护好相关合作机构在客户数据等商业机密方面的利益，切实保护好客户的隐私，同时又不能因此而放弃必要的监督和管理，不能放弃对监管底线的坚守。在保护商业机密及客户隐私的同时，互联网公司、基金公司等互联网金融的各参与方，应该以分享和合作的心态，遵循相关的法律法规。

马云“求监管”

2015 年 2 月 10 日，我国举办第一场证监会创新部系列前沿讲座，马云和他的团队成为座上宾。人们纷纷好奇这个“电商教父”在会上又说出了哪些“名言”。但人们在看完马云的“证监会演讲实录”之后，发现他口中的重点只有三个大字：“求监管”。而真正涉及阿里巴巴互联网金融整体布局的内容统统都是点到为止。

目前，由于国内互联网金融监管法律法规尚未建立，因此没有非常明确的具体监管部门。一般认为，现阶段互联网金融的监管体系由传统金融的机构监管、社会和媒体监管以及行业自律组织的监管等构成。其中，社会和媒体的舆论导向是民意的一种代表，发挥全民监督的作用，是监管层听取社会呼声的重要来源和渠道。甚至在很多方面，社会和媒体的舆论导向直接影响监管政策的制定、执行以及执行力度。从这个角度看，社会和媒体的舆论导向是互联网金融的潜监管力量。

在目前互联网金融监管现有规则缺失的情况下，这种潜监管的力量就会越发强大，在一定程度上可以填补监管的“真空”。通过媒体监督式的“舆论”监管，可大大提升互联网金融企业违法违规和不当经营的成本。在互联网金融的监管理念方面，舆论的核心是否需要对互联网金融加以监管，监管是应该从松还是从严？主流观点如表 10－1 所示：

表 10－1　关于互联网金融到底是否需要监管的观点

观点	内容
不需要监管	持这种观点的人认为，监管会扼杀互联网金融创新，增加互联网金融的业务成本。主张互联网金融在自然的市场环境中成长和发展，行业自律监管就足以起到有效监管的作用。很显然，这是一种最激进的监管理念
先发展再监管	持这种观点的人认为，国内外的互联网金融都是新生事物，都没有成熟的监管体系和法律法规，只要大方向不错，就应多学习、多了解、多试点、多总结。找准问题，再对症下药
边发展边监管	持这种观点的人认为，互联网金融的核心属性毕竟是金融，所以必须在有监管的环境中推进才能有序发展
先监管再发展	持这种观点的人认为，由于互联网金融会产生一系列负面效应，应先立法或制定规章制度，依法发展。相比而言，这是一种最保守的监管理念

总体来看，在互联网金融是否需要监管的问题上，大众更多持接受态度，这表明激进的监管方式并不是主流。一般来说，适度的监管不仅可以降低互联网金融企业对政策和法律风险的担心，也有利于依法保障互联网金融客户（消费者）的权益，总体上有利于整个产业的长远、可持续发展。

我国的互联网金融监管应该更松还是更紧？

1. 适度从松

其实，对新兴的互联网金融活动应适时地加以引导和规范，不要急于实施非常严格的管制，并希望监管当局关注可能出现的风险。部分行业人士也认为，互联网金融作为新生事物，逆生性很强。在监管上，严管不如松管，要用呵护的态度去对待。因此，金融监管适度从松，保持灵活性，尽快制定并实施符合我国互联网金融发展实际情况的相关政策和监管措施，推动行业进一步有序、健康发展才是众望所归。

2. **行业自律**

互联网金融的行业自律是行业内企业为了保护整个业务生态的一种自然保护和反应，而这种反应往往是对行业发展中风险事件带来的负面效应的修正。目前，互联网金融行业已经成立了一些全国性和区域性的行业自律组织，包括互联网金融工作委员会、中关村互联网金融行业协会、互联网金融千人会俱乐部、中国小额信贷联盟等。互联网金融行业组织的成立和运行、自律公约的出台将会对整个互联网金融的健康发展产生极大的促进作用：一方面可以整合互联网金融行业的资源，加强企业间的沟通交流，实现优势互补、合作共赢、协同创新、规范自律；另一方面可以加强与国家金融监管机构及主管部门的对接交流，研究互联网金融行业发展规律，推动制定互联网金融行业发展规则和标准，引导行业健康、规范发展。更重要的是，在行业发展初期，积极探索行业组织和自律公约，可以使行业的未来发展少走一些弯路。

3. **适度监管**

对互联网金融宜适度监管，而切不可过度监管。适度监管可以让互联网金融行业健康发展，而过度监管则可能存在“以监管之名，行垄断保护之实”的嫌疑。互联网金融是新金融业态的加速器。甚至可以说，正是互联网金融时代的到来，新金融时代才显得更加繁荣而复杂。我们传统金融监管体系，面对互联网金融的异军突起，则更显得脱节和落后。

适度强化互联网金融监管，是有必要的，当下而言，强化互联网金融监管，首先在立法，无法可依，乱象必生，应对互联网金融的准入门槛、参与主体，进一步明确界定，应修订并增补现行法律对互联网金融不适用或缺少的条款；其次在于监管体系，监管部门应具备互联网的信息监管能力，应形成有效的预警机制和应急机制；最后根本还在于监管落实，监管部门应在提高风险监测能力的基础上，对预防互联网金融风险要有提前性。

从事金融活动必然会有风险，互联网金融也不例外。互联网金融带有互联网和金融的双重属性，但两者却有不同的行业精神。互联网精神主张“开放、平等、协作、分享”，金融精神则主张“稳健和责任”，也就是说，一个注重创新和开放，一个注重风险和规则。因此，如何在两者之间建立一个平衡的规则，是互联网金融监管面临的挑战。

如何应对互联网的挑战？

1. 开放

开放意味着行业需要建立一个开放的生态系统，相互依存、相互促进。这既包括监管层本身的开放、监管层数据的开放（比如征信）、监管的透明，也包括引导行业之间数据开放以及建立一个进退有序的开放规则。监管层要和企业一道，包容创新的失败，适度承担创新和试错的风险，而不是通过严监管、高门槛来约束行业的发展，以此来隔离创新风险。开放意味着接受行业中的任何企业的正常生死规则。“大而不倒”将成为过去。开放同时意味着，拥抱实质监管，避免免责式监管，抛弃形式上的监管。

2. 平等

平等意味着大企业和中小企业、国有企业和民营企业都享受相同的待遇，而不会受到歧视性对待。平等意味着进入和退出平等，没有垄断、没有特权，且享受同等的权利和义务。平等意味着公平合理地对待消费者和互联网金融企业，政策偏袒和偏移会造成产业生态环境的破坏。对消费者的保护也不是没有原则、没有边界的保护，如果是在风险提示充分的情况下，界定是消费者的责任，则其应该承担相应的后果和责任。平等也意味着监管层和被监管者之间的平等互动，而不是单纯的监管与被监管的关系。

3. 协作

通过协作监管，建立互联网金融与实体产业之间、互联网金融与用户之间、互联网金融上下游企业之间的数据的有序开放、有序竞争，而不是同业之间的恶性竞争。协作监管不仅是监管层之间通过协作建立高效的监管体系，而且包括监管层与被监管者建立良性互动关系，建立良好的政策反馈机制，保护规则，及时调整政策。

4. 责任

互联网金融不仅要强调创新，更要维护行业的健康、长期、可持续发展。因此，需要以高度的责任感维护社会和金融秩序，维护正常的商业伦理、知识产权，打击假冒伪劣和欺诈行为等。互联网金融企业需要接受外界监督，接受行业自律，接受政策监管。阳光化经营、合法经营，维护消费者利益，承担社会基本责任，共同提升行业的社会公信力。

5. 分享

监管的目标是使消费者充分享受到互联网金融业态带来的低成本、高效率、良好的客户体验等福利，使互联网金融企业在产业发展中分享成长和壮大的机会。

各大监管部门表态

面对澎湃汹涌的互联网金融的冲击波、大变革，央行、银监会、保监会、证监会等许多金融监管部门人士都感到网络变化太快，甚至有种措手不及之感，深感传统的监管制度和监管方式都已经非常落伍了。面对互联网金融层出不穷的“新花样”，某省银监局局长已经明显感到力不从心，对网络上的东西本来就不熟悉，甚至惧怕厌恶。然而怕什么来什么，网络金融就这样突然降临了。在尚不具备任何一个监管装备的情况下，互联网金融诞生了、发展了。

虽然说以余额宝为代表的互联网金融模式从目前看风险非常小，但是规模发展起来以后就很难说了，毕竟针对互联网金融的风险防控措施仍处于空白状态。作为监管一方，岂能不着急、不忧虑呢？但是，仔细想想也不奇怪。监管与创新是一对辩证关系，二者相互促进。监管就是要从金融实践中来，再到实践中去。监管措施的产生必然来源于现实需求，必然是在金融实践的撞击下产生，否则，光靠政策制定者坐在办公室里凭空制定的监管规则，必将脱离监管实践，成为一纸空文。

中国的金融监管很多时候滞后于金融业务的发展，对金融创新反应迟钝，行动迟缓。况且，中国的金融创新较为落后，模仿和借鉴国外者多，有些甚至不接地气。互联网金融的突然而至，让传统金融监管模式的落后性暴露无遗。美国的金融监管和金融创新给我们不小启发：一部金融监管法律不可能包罗万象，也不是万能的。美国立法机构发现法律漏洞后会及时完善制度，防止钻空子行为再次发生。美国采取的这种创新—监管—再创新—再监管的模式，使得金融监管机构的创新水平越来越高，监管措施也越来越全面，这更值得我们学习。

互联网金融的迅速发展与其监管措施的保守滞后形成了鲜明对比，作为监管者应该迅速顺应互联网金融创新提出的要求，出台相应管理制度和办法。而互联网金融从严格意义上来说是一场金融大变革，是一次金融创新，它的贡献和历史意义是巨大的。

尽快完善我国金融监管体系，尽快提高我国金融监管的技术水平，以与互联网金融的高速发展相匹配，不以金融监管跟不上为由，抑制甚至打击互联网金融的发展。

当下需要认真思考的问题

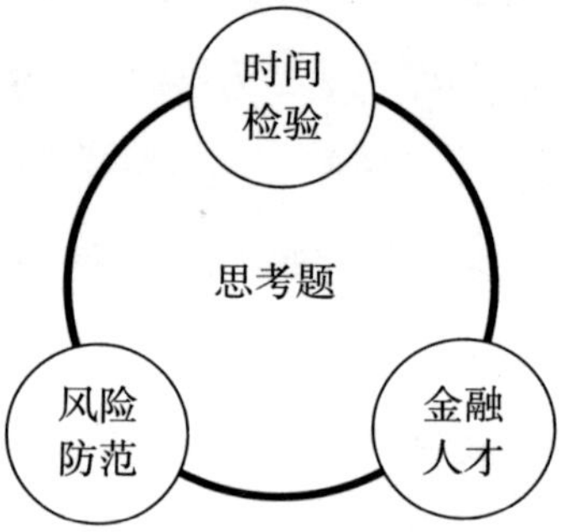

图 10 - 1

1. 需要更多时间检验

互联网金融终于探索出了一条解决中小微型企业融资难的出路，也许是中国未来金融改革发展的道路之一。互联网金融是借助电子商务的天然平台而面向这个平台上中小微型企业开展金融业务的，对放贷对象的“底细”了如指掌。而其他企业很难有这个平台，对客户的掌控能力不强，很难复制互联网金融的金融模式。同时，刚刚起步的互联网金融模式也需要经受时间、实践的考验。

2. 需要防范信贷风险

现在阿里巴巴小贷等互联网金融主要面向电子商务平台上 VIP 客户的中小微企业发放小额贷款，当扩大到普通客户会员并且发放大额度贷款业务时，能否防范信贷风险对其是一个重大挑战。同时，中小微型企业的自生自灭周期短、时间快，也对其贷款安全构成了不小威胁，而能否防范住未来金融信贷扩张带来的风险让人担忧。

3. **需要积累金融人才**

最后，金融业是一个对管理要求相当高的行业，随着互联网金融业务迅速扩张，其整个管理是否能够跟上，管理人才队伍是否有足够的储备，都需要认真思考。

监管部门纷纷表态

但无论如何，对于互联网金融模式，监管部门应该自觉去适应和服务，包括制定科学合理的监管政策、监管条款，而不是高高在上地坐在办公室里否定创新、刁难、不给审批。政府和监管部门都应该保护好、爱护好、发挥好互联网金融创新模式。截至目前，各大监管部门纷纷表态：

1. **发布相关报告和文章**

中国人民银行在2013年8月2日发布的《第二季度货币政策执行报告》中，首次对互联网金融模式予以正式认可，并对互联网金融的存在给予了高度评价："互联网金融业在资金需求方与资金供给方之间提供了有别于传统银行业和证券市场的新渠道，提高了资金融通的效率，是现有金融体系的有益补充。互联网金融业依赖大数据分析有助于解决信息不对称和信用问题，提供更有针对性的特色服务和更多样化的产品，交易成本的大幅下降和风险分散提高了金融服务覆盖面，尤其是使小微企业、个体创业者和居民等群体受益。"

2. **发表谈话和意见**

2013年9月16日，《求是》杂志发表中国人民银行行长周小川的署名文章《践行党的群众路线推进包容性金融发展》。周小川在文中指出要

“规范和引导互联网金融健康发展”。

2013 年 7 月 19 日，保监会中介部监管二处处长龙翔在 2013 年中国互联网保险论坛上表示：“对未来互联网销售的发展前景持乐观态度，中介监管部门正在参与制定互联网金融的具体监管办法。”

2013 年 8 月 16 日，证监会新闻发言人表示：“互联网金融监管确实是个新课题，证监会将进一步跟踪研究，适时改进监管措施。总体而言，在保证投资者资金安全和防范风险的基础上，要尊重互联网的发展规律。”

2013 年 8 月 13 日，工业和信息化部副部长尚冰在中国互联网大会上表示：“政府部门要适应新形势，及时创新监管理念，丰富监管手段，完善法律法规和规章制度，健全标准体系，规范市场竞争秩序，加强服务质量监管，切实保障消费者的合法权益，维护行业声誉和行业的整体形象，努力为互联网发展创造公平公正、有序有效的市场环境。”

2013 年 8 月 14 日，中国人民银行副行长刘士余在中国互联网大会上强调：“在诚实守信的前提下，一切有利于包容性增长的金融活动、金融服务都应该受到尊重与鼓励。发展互联网金融，应注意防范风险，两个底线不能突破。一是非法吸收公共存款，二是非法集资。”

2013 年 9 月 5 日，中国人民银行副行长胡晓炼在出席 2013 年金融街论坛时表示：“随着互联网、电子商务、电子交易等技术的飞速发展，互联网与金融业的相互融合和渗透日益深化，互联网金融作为一个新型的金融模式横跨多个行业和市场，交易方式广泛，这对金融监管、金融消费者保护和宏观调控都提出了新的要求。”

2013 年 9 月 16 日，中国银监会主席尚福林在中国银行业协会第十三次会员大会上表示，要“遵循‘栅栏’原则，审慎推进金融产品创新”。

2013年10月25日，中国证监会新闻发言人表示："互联网金融产品必须遵守两个底线：第一，不能损害基金持有人的利益；第二，不能引发区域风险。当前的基金销售管理办法，符合相关法规条件，就可以取得基金销售资格的行政许可。而且，不管在何种业态下销售基金，包括银行、独立基金、互联网业态，都必须合法并遵守销售适用性原则。"

2013年11月下旬，在由中国银监会牵头的九部委处置非法集资部际联席会议上，中国人民银行条法司将理财、资金池模式、不合格借款人导致的非法集资风险、典型的庞氏骗局等三类情况定性为"以开展P2P网络借贷业务为名实施非法集资行为"。

3. 部门监管通知

2011年8月，中国银监会办公厅发布了《中国银监会办公厅关于人人贷风险提示的通知》，揭示了人人贷中介服务存在的七大风险，要求银行业金融机构务必建立与人人贷中介公司之间的"防火墙"。严防人人贷中介公司帮助放款人从银行获取资金后用于民间借贷，防止民间借贷风险向银行体系蔓延。这是中国金融监管部门发布的第一个，也是迄今为止唯一的一个有关P2P借贷风险的正式文件，人人贷网络贷款平台的风险问题日益引起人们的关注。

2011年9月27日，保监会发布了《保险代理、经纪公司互联网保险业务监管办法（试行）》。

4. 国务院指导精神意见和法律法规

2008年11月，由中国人民银行起草的《放贷人条例》草案已提交国务院法制办。据称，《放贷人条例》期间经过多次修改，民间期望其能为互联网金融部分形态产业提供监管支持，但到目前为止还没有正式出台。

2013年8月，国务院办公厅发布的《关于金融支持小微企业发展的实施意见》指出，要"充分利用互联网等新技术、新工具，不断创新网络金融服务模式"。

2013年8月14日，国务院办公厅发布的《国务院关于促进信息消费扩大内需的若干意见》指出，要"推动互联网金融创新，规范互联网金融服务，开展非金融机构支付业务设施认证，建设移动金融安全可信公共服务平台，推动多层次支付体系的发展。推进国家基础数据库、金融信用信息基础数据库等数据库的协同支持社会信用体系建设"。

新金融时代的新监管要求

中国的金融监管空白点、漏洞很多，已经远远不能适应在经济全球化、多样化、变化更新极快之下金融业迅速发展和创新的要求。金融工作者郎涛华和张丽娜曾在《金融参考》上发表过一篇论文《当前我国银行业监管中存在的问题和建议》，其中提到了我国银行业在监管中主要存在四大问题。

主要问题

1. 体制和手段落后

从理论上说，一个有效的银行监管体系应该由三部分构成：市场约束条件下的银行内部风险控制系统、政府监管系统和社会监督体系。但目前这三个体系均存在问题：首先，监管职能向银监会过度集中，造成银监会严重超负荷，降低了监管的效率。其次，外资银行的大量涌入使得当前沉重的监管工作更加雪上加霜，政府监管带有浓厚的地方色彩、全局观差、随意性大，当银行监管触动地方利益时，地方政府就横加干涉，反而弱化了银行监管作用，而目前在华外资银行绝大多数未成立同业公会，即使少数地方有同业公会，其主要作用也仅限于加强彼此间的联络与交流，缺乏行业自律制度，对外资银行的外部审计等社会监督体系长期以来也没有充分发挥其应有作用。最后，监管手段落后，目前对外资银行的监督检查仅停留在对会计报表的审核上，甚至连这点都难以保证，因为不少外资银行上报的报表并不能完全反映其经营活动的真实情，随时、实地检查、稽核外资银行经营情况的做法较少或流于形式。

2. 非现场监管指标体系不完善

非现场监管因其具有信息的全面性、持续性和对风险的早期预警作用而成为各国对银行业监管的重要手段。但中国银行业非现场监管在有效评价银行经营状况和实现风险早期预警方面的作用尚未得到充分发挥（目前仅仅起到统计作用），其主要的制约因素有以下方面：（1）基础数据不够真实准确；（2）非现场监管数据指标体系不完整；（3）非现场的风险分析及评价方式不系统；（4）非现场监管信息系统建设落后。

3. 未形成有效的监管合力

从中国的监管实践看，银行业监管部门、市场监督和内部审计三股力量没有形成有效的合力：（1）内外监管部门之间未建立有效的信息沟通机制；（2）未充分发挥市场监督和中介机构的作用；（3）未充分发挥基层监管部门的作用。

4. 监管意识薄弱、封闭、监管人员专业水准不高

金融监管意识的薄弱、封闭是长期以来封闭型的金融体系造成的。整个金融服务业的市场是封闭的，资本的流入、流出都需要专门的外汇管理部门审批，银行经营管理多受各级政府干预及控制，银行内部监管部门形同虚设，监管人员素质和水平也无法得以提升。

作为一种新模式，互联网金融也给金融监管、金融消费者权益保护以及宏观调控提出了新的要求。

新要求下，如何做?

无论是发达经济体还是新兴经济体的资本市场发展历史都表明，投资者教育是各个国家或地区监管机构和自律组织的一项重要工作，也是一项长期的、常规性的工作。

那么，我们该如何拥抱“互联网+”时代的新监管要求?

1. **专栏、网站教育**

建议互联网金融企业开通投资者教育专栏，监管层开设投资者教育网站，大力加强投资者教育，让更多消费者了解互联网金融的相关知识和模式，提高互联网金融合格投资者的参与率，降低相关业务纠纷和监管事件处理成本，使参与者具备“互联网金融有风险，投资参与须谨慎”的意识。

2. **建立互联网金融消费者服务中心**

监管者可以建立互联网金融消费者服务中心。金融消费者通过此中心，可以及时或随时查阅到相关的凭证文件，包括合同等资料，并进行确认。这样有利于防止不法互联网金融企业或人员进行业务欺诈，保护消费者的利益。

3. **增加透明度和信心**

规定互联网金融企业应及时向金融消费者披露相关业务和产品信息，增加业务的透明度，提升消费者信心。

4. **方便维权**

监管层可以要求互联网金融企业开通和公布企业的金融消费权益保

护咨询投诉电话，便于消费者投诉维权。监管层也可以开通相关的投诉维权电话，便于解决消费者和金融企业之间的纠纷。

5. 随时介入

各种钓鱼网站、欺诈网站数量繁多，层出不穷，难以从根本上杜绝。而面对这种不法行为，受害者往往投诉无门，严重影响消费者和投资者的利益和信心，也影响行业的声誉。建议通过建立类似投资者保护基金，在专门网站上开通奖励举报专栏。一旦发现不良行为，监管机构可以随时介入。

6. 保护隐私

在互联网上，隐私数据的保护尤为重要，“没有隐私就没有尊严”。数据是互联网金融建立起与客户沟通关系的基本元素。如果互联网金融企业无法保护用户的隐私，客户就无法对其产生信任感。同时，客户的权益还可能随时受到侵犯，这对行业和用户来讲都是灾难。

以P2P为例，P2P借贷网站为借贷双方提供了发布借贷信息的平台。一般网站都要求借款人提供个人身份资料、财产信息，一方面为出借人提供选择借款人的凭据，另一方面也可以作为信用评价的依据。若网站的保密技术被破解，借款人提供给网站的个人身份资料、财产信息等个人隐私会被泄露，借贷人的隐私权将受到侵害。监管层需要对消费者或用户的隐私数据进行界定，规定隐私数据的使用范围、方式和保护责任，同时规定禁止违规条款、侵权认定和罚责等。

7. 建立开放规则

建立商业数据，包括征信数据的有序、开放的规则，对于互联网金融行业极其重要。封闭的数据方式只会增加因行业信息不对称而产生的交易成本，对整个行业的发展极其不利。目前，国内的数据使用规则需要调整。根据中国《个人信用信息基础数据库管理暂行办法》的规定，个人信用报告目前仅限于中华人民共和国境内设立的商业银行、城市信用合作社等金融机构、中国人民银行及消费者使用，网络借贷中介并非合法使用者。因此，即使在客户授权的情况下，目前 P2P 平台或相关的互联网金融企业都难以获得有关客户在央行的征信数据，也难以获得客户其他方面的商业数据，这就会造成互联网金融企业和客户之间的信息不对称。

他山之石：莫让发展走在监管前面

“他山之石，可以攻玉。”广泛借鉴其他国家已有的互联网金融监管法律法规，可以拓宽我们的金融立法视野，从而在互联网金融的监管上少走弯路。

法律与监管

到目前为止，全球的互联网金融监管实践基本上还处于边摸索边发展的阶段，尚未形成全球性的监管参照体系。美国和英国的互联网金融监管体系和模式也存在较大差异。美国并没有针对互联网金融出台专门的法律法规或设立专门的监管部门，更多的是引用现有的法律法规进行管理；而英国的监管目前主要以自律为主。

国外的主要法律有：

1. **《金融服务现代化法案》**

《金融服务现代化法案》亦称《格雷姆 - 里奇 - 比利雷法案》，废除了 1933 年制定的《格拉斯 - 斯蒂格尔法案》的有关条款，从法律上消除了银行、证券、保险机构在业务范围上的边界，结束了美国长达 66 年之久的金融分业经营的历史。其结果是，商业银行开始大规模从事投资银行业务，如花旗集团和摩根大通等。此法案规定，金融机构应确保客户数据安全，将数据保存在隐蔽的媒介中，必须采取特定的安全措施来保护数据存储及传输安全。

2.《多德－法兰克华尔街改革和消费者保护法案》

《多德－法兰克华尔街改革和消费者保护法案》（以下简称《多德法案》）被认为是20世纪30年代以来美国改革力度最大、影响最深远的金融监管改革法案。该法案旨在通过改善金融体系问责制和透明度，促进美国金融稳定，解决“大而不倒”问题，保护纳税人利益以及保护消费者利益等。

3.《债务公平催收法案》

《债务公平催收法案》从1978年3月20日起正式生效。该法案旨在规定和约束债务追讨和催收行为，保护消费者信贷合理权益。

4.《公平信用卡支付法案》

《公平信用卡支付法案》旨在保持消费者在信用卡消费中的一些合法权益。事实上，在网络消费者保护方面，这一法案功劳不小。对比一下电子商务在欧洲与美国的发展历程可以发现，美国电子商务的成功，比如亚马逊和eBay的成功主要得益于美国的一些法律。《公平信用卡支付法案》是其中最重要的法律之一，规定美国网络消费者的信用卡被欺诈时最大损失不得超过50美元。正因如此，美国的消费者会在网上更加放心地使用信用卡购买便宜的货物。

从内容上看，《乔布斯法案》特别值得国内互联网金融界关注。如表10－2所示：

表 10－2　著名的《乔布斯法案》

要点	内容
放宽了小额公开发行免于注册的筹资额度限制	《乔布斯法案》将免除注册的小额公开发行额度上限，从原来的500万美元提高至5000万美元，规定美国或加拿大公司一年累计发行额不足5000万美元的证券公司不仅可以免除联邦注册，而且在满足一定条件的情况下也无须在各州注册。这大大简化了创新企业的发行程序，有效降低了发行成本
确立了对众筹模式融资的发行豁免条件	《乔布斯法案》规定，发行人每年最高合计的众筹融资不超过100万美元。同时，合格投资者必须满足以下要求：年收入少于10万美元的个人累计投资最多为2000美元；年收入超过10万美元的个人可将其收入的10%用于投资
提高了私人公司成为公众公司的门槛，减轻了私人公司的信息披露负担	美国《证券法》与《证券交易法》规定，股份有限公司在两种情形下可以成为公众公司：一是向不特定对象公开发行股票；二是股东人数超过500人及公司总资产超过1000万美元 只要出现上述两种情况中的一种，即意味着企业转制成为公众公司，那么公司就需要在美国证交会注册，开始履行严格的信息披露义务，并将受到严格约束

《乔布斯法案》对成为公众公司的门槛进行了上限调整。具体来说，对资产超过1000万美元的一般性公司而言，如果满足以下条件之一，才被要求注册为公众公司，并强制进行信息披露：股东人数超过2000人，股东中超过500人不是合格投资者。对于资产超过1000万美元的银行、银行控股公司而言，公众公司的股东上限要求同样也从500人调整为2000人。

监管体系

简单而言，美国互联网金融的监管体系大致如下：

1. **联邦银行监管机构**

将储蓄类机构置于全面监管之下，以确保银行的安全性和可靠性。

2. **消费者金融保护局**（CFPB）

在联邦层面，对消费者金融产品和服务进行保护。

3. **联邦贸易委员会**（FTC）

是联邦消费者保护法律的执行者。

联邦贸易委员会是执法机构而不是监管机构，只专注于执法行为，不会定期检查机构或者提出任何报告要求。直到2011年7月21日，联邦贸易委员会一直是针对非银行金融服务提供者的主要执法力量。之后，联邦贸易委员会与消费者金融保护局共同承担这些责任。此外，联邦贸易委员会会调查可能参与到不公平或者欺骗行为的非银行金融服务提供商并采取执法手段。州级监管机构是非银行金融服务提供商的主要监管者，但是各州的权力和监管松紧程度差异较大。

美国证交会是主要负责保护投资者的联邦机构，主要针对特定证券，通过披露要求和反欺诈条款保护投资者。在披露要求和反欺诈条款下，公司要为其向投资者发布的不实信息或者误导性信息承担责任。

国外的P2P平台监管

1. **美国**

各州也有相应的监管机构，共同对P2P业务实施监管。

在互联网金融监管中，P2P模式的复杂性较高、风险较大，也最具有代表性，在此就P2P平台进行专门分析，探讨美国和英国在P2P平台方面的一些监管经验。

美国监管体系对 P2P 平台的关注主要集中在消费者保护上。具体而言，主要关注以下三个方面：公平对待所有消费者（主要是投资者）、保护消费者的隐私（重点是借款人）以及消费者意识和教育（借款人和投资者双方）。P2P 业务相关的重要法案在美国主要依靠现有法律法规对 P2P 业务进行监管。

P2P 平台需要将每天的贷款列表提交给美国证交会，保证当有消费者对 P2P 平台提起法律诉讼时，有存档的记录来证明是否存在误导消费者的错误信息。这个措施或许可以使消费者在申请贷款的时候免遭不实信息的误导。P2P 平台的注册文件和补充材料包含着广泛的信息。例如，经营状况、潜在的风险因素、管理团队的构成和薪酬以及公司的财务状况。任何希望成为 P2P 平台借款人的消费者必须要尽可能多地了解 P2P 平台，理解 P2P 借贷的内在风险。消费者有各种途径可以了解到 P2P 借贷，这有助于他们衡量自身的风险承受度，多元化、理智而非盲目地将资金投入到 P2P 平台。在州层面上，美国各州的规定存在一定的差异。有些州只要求信息披露；有些州除要求信息披露外，还需要监管机构判断 P2P 公司是否公平、公正、合理地发行“证券”；有些州还对投资者设置财务合适性标准，如规定投资者的最低年收入或总财富、投资占年收入或总财富的最高比例等。

2. 英国

英国公平交易办公室成立于 1973 年，主要负责监督市场的运作是否能够增进消费者利益。以 Zopa 为例，Zopa 已经取得公平交易办公室的信贷许可证，是英国信用行业欺诈防范机构的成员，在信息专员办公室注册。Zopa 需要取得公平交易办公室的信贷许可证的原因是，英国 1974 年消费者信贷法案要求大部分向消费者提供信贷、租赁、债务催收等方面产品或服务的企业，都必须拥有信贷许可证，否则可能构成犯罪。

尽管英国的P2P市场目前主要依靠行业自律监管，没有专门的监管机构和专门的法律，但情况正在发生改变。2008年金融危机爆发之后，英国国内的金融监管体制发生了革命性改变。危机前，英格兰银行和金融监管体制完全隔离，金融体系维系于三个金融机构中，即英格兰银行、财务部和金融服务管理局（FSA）。危机后，建立了三方正式合作的机制，金融服务管理局的管理职能被放大；而2010年卡梅伦政府上台后，取消了原来的三方管理体制和金融服务管理局，央行职责扩大，负责维护金融稳定，并对其他银行及金融机构进行审慎监督。

具体而言，英格兰银行下设金融政策委员会，作为宏观审慎监管机构，负责监控和应对系统风险；审慎监管局，负责各类金融机构的审慎监管；金融行为监管局，负责监管各类金融机构的业务行为，促进金融市场竞争，保护消费者。银行、保险和某些投资公司，即具有审慎重要性的金融机构，将会由审慎监管局和金融行为监管局进行双重监管，而其他金融机构则由金融行为监管局单独监管。据称，金融行为监管局正在筹划针对利用高于7%的利率来吸引投资者的P2P平台，推出更加严格的规章制度，投资者将受到更好的保护。具体内容包括，如表10－3所示：

表10－3 更好地保护投资者利益的规章制度

要点	内容
风险准备金	P2P公司需要准备充足的风险准备金来保障公司的正常运营，确保能够偿还贷款，并且必须严格遵守关于持有客户款项的相关条例

续表

要点	内容
坏账率说明	愿意通过 P2P 平台借钱给公司的投资者将必须收到关于借款标的的关键特征说明，包括坏账率。借贷公司将必须为投资者提供一个 14 天的冷却期，使投资者有时间改变其投资意向
转让市场	P2P 公司可以建立一个二手转让市场，供投资者转卖其贷款并收回资金
风险披露	新规定还要求这些 P2P 公司不可以对风险轻描淡写，尤其是在广告里，要谨慎对比 P2P 网贷平台和普通储蓄银行的利率
合格投资者	P2P 平台公司只能把经验丰富的投资者作为目标市场，而初级投资者投资的资金不宜超过存款的 10%

尾　声

对大多数读者朋友来说，互联网和金融业相互渗透、融合这样的话题应该不算陌生。

随着十几年前全球互联网泡沫的破灭，互联网与金融业的渗透、融合也在时间的冲刷下逐渐归于平静。直到 2012 年，“互联网金融”的概念才在中国正式出现。与此同时以阿里巴巴为代表的互联网公司敲开了金融业的大门。几乎一夜之间互联网金融成为我们普通人茶余饭后热议的话题。随着 2015 年李克强总理提出新的“互联网 +”概念，互联网与金融业呈加速融合态势。

近几年，微信等媒介以及新闻媒体上关于互联网金融方面的信息量可谓巨大，人们的视觉被一次次冲击。尽管这些碎片化的信息能够帮助我们了解并熟悉互联网金融，但这些信息却缺乏一定的条理性和系统性。另外，对于那些传统金融机构来说，互联网金融与金融机构此前运用互联网技术来发展业务，两者的模式究竟有哪些差异，而今传统金融机构又该如何拓展互联网金融业务？

社会各界普遍关注的类似“未来对互联网金融应该如何加以监管”等方面的讨论还是比较空缺的。关键是曾经作为金融机构的管理者，我对“互联网+”给传统金融体系以及金融业带来的变化和冲击深有感触，这是促使我进一步对互联网+金融进行研究与思考的源动力。基于此，我决定开启本书的写作之旅。

值得一提的是，写作本书并不是想论证“互联网+”时代的金融业与传统金融体系究竟谁更胜一筹，或者说“互联网+”以及创业企业在互联网金融领域的发展与传统的金融机构究竟谁的优势更大，而是想要说明不同的时代背景、模式之间的金融业应该如何相互渗透、借鉴、融合。个人认为，无论哪一种模式都各有其自身特点，两者的发展并不只是简单的“相互替代”的关系，而是互补的关系。因此，包容、协同发展或许是我们目前最好的选择。而对于金融从业人员而言，我们应该以更加包容、开放的心态向互联网企业学习，从而逐渐转型成为互联式企业，借力“互联网+”时代的“东风”，乘风破浪，实现自身更好的跨越式发展。

本书在出版过程中得到了许多出版社领导、同事以及朋友们的帮助和支持。另外，数年来，我还拜访了目前国内在互联网金融领域具有代表性的一些互联网公司巨头以及一些金融机构的从业人员，与他们开展了多次交流、探讨，他们的先进理念使我对“互联网+”时代的金融的认知与理解不断加深。在此，一并向所有伙伴们表示我最诚挚的谢意！

当然，本书必定还存在些许不足之处。众所周知，我国互联网技术与金融行业的发展日新月异，更新快速。或许本书正式出版时，其中的部分内容可能已经显得有些“落伍”甚至过时。另外，由于时间、精力等方面的原因，本书中的个别资料、数据在及时性、全面性及准确性等方面可能存在一定偏差，尤其是有些数据资料由于各方面原因无法进行具体、全面的求证与确认。还有某些论证和举例，出于商业方面的考虑，可能对于有些互联网金融模式的分析并未深入展开。对于种种不足之处，还望广大读者朋友多多包涵。

不知不觉到了本书结束的时候，我想对所有传统金融企业说：不要轻视“互联网+”，也不要恐慌。不要高估“互联网+”对企业的冲击，也不要低估在未来5~10年“互联网+”对企业的颠覆。最终，互联网或许会变成日常生活中像水和电一样常见的基础资源，服务于普通行业。当社会中的每个成员都不再把“互联网+”当回事儿的时候，这个变革就完成了。看清事实真相，适当采取行动，会决定你是转型过程中的牺牲品，还是弄潮儿。

衷心祝愿所有传统金融企业，都能凤凰涅槃重获新生、大鹏展翅青云直上！